회사생활 10년을 좌우하는 3% 습관

회사생활

10년을 좌우하는

3%습관

김성용 · 허재근 지음

21세기북스
www.book21.com

차례

3장 승진의 조건, 디테일을 놓지 마라

4장 팀장, 마지막 3%를 채워라

당신에게 가장 중요한 어떤 것

'당신의 신체 중 어느 한 부분을 수술하면 반드시 성공한다'
는 말을 누군가로부터 들었다면 당신은 그 부분이 어디라고 생
각하는가? 눈, 코, 턱, 이마…? 정답은 뇌의 전두엽 부분이다.
전두엽은 다음과 같은 기능들을 관장한다.

- 남의 입장이나 기분을 헤아리는 기능
- 외부자극에 휩쓸리지 않고 목적한 것에 집중하는 기능
- 여러 가지 상황을 종합하여 최적의 판단을 내리는 기능
- 창의적 아이디어를 내는 기능
- 특정 활동에 능동적으로 동기부여를 하는 기능
- 일과 미래를 계획하는 기능
- 어떤 결과를 예측하는 기능
- 감정을 통제하는 기능
- 충동을 제어하는 기능
- 목표를 설정하는 기능

이런 기능들을 잘 수행하는지 여부를 두고 '실용지능'이 높은지 평가한다. 물론 전두엽은 외과적인 수술을 통해 성형을 할 수는 없다. 하지만 반복된 훈련을 통해 바꿀 수는 있다. 전문가들은 말한다. "성격은 타고나는 것이기 때문에 바꾸거나 개선하기 어렵지만 실용지능은 전두엽과 관련되어 있어서 꾸준히 개발하면 상당 수준까지 개선시키고 발달시킬 수 있다."

비즈니스 관점에서 보면 실용지능은 성과를 결정짓는 결정적인 역량, 즉 핵심 역량(Core Competency)이다. 조직원들의 실용지능을 높이기 위해 많은 기업들이 투자를 하는 것도 바로 이 핵심 역량과 직접적 연관이 있기 때문이다.

정리해보면, 전두엽을 발달시키는 것은 결국 회사에서 성공할 수 있는 능력을 키우는 셈이 된다. 위에 제시한 전두엽의 기능을 다시 한 번 잘 살펴보기 바란다. 전두엽의 기능은 하나의 능력으로 요약되는데, 바로 '조망능력'이다. 이는 넓은 시각에서 바라볼 수 있는 능력을 말한다. 남과 자신을 동시에 볼 수 있는 조망능력이 있어야 남의 입장과 기분을 이해할 수 있다. 자신의 인생을 전체적으로 바라볼 수 있어야 목표를 세울 수 있다. 활동의 결과까지 조망할 수 있어야 갑작스런 감정과 충동을 제어할 수 있다. 같은 논리를 비즈니스에 적용해보자. 전두엽이 회사의 시각으로 현상을 조망할 수 있게 되면 회사가 원하는 것이 무엇인지 알고, 그에 맞는 성과를 낼 수 있는 것이다.

문제는 바로 여기에 있다. 우리는 회사의 시각이 어떤 것인지 알지 못한다는 것이다. 이 때문에 조망을 할 수 없는 것이다. 상상만으로 회사의 시각을 대신할 수는 없기 때문이다. 누군가 이것을 가르쳐 주고 알려 주어야 하는데, 대개는 '기본'이라고만 이야기하면서 눈치껏 배워야 하는 것쯤으로 치부해 버리는 게 현실이다. 즉, '눈에 보이지 않는 룰'인 셈이다.

직장생활을 하면서 회사의 시각과 인식을 이해하지 못해 자신도 모르게 불이익을 당하는 경우가 많다. 단적인 예가 바로 출근시간이다. 직장인 입장에서는 출근시간을 지키는 것이 사소해보일 수도 있다. 하지만 회사의 입장에서는 근무태도를 판정하는 중요한 지표로 삼는다. 이런 룰을 무시하고 지각을 밥 먹듯이 한다면 어느 순간 당신의 회사생활에 위기가 닥쳐올 것이다. 본서는, 이렇듯 누구도 잘 알려주지 않는 회사의 보이지 않는 룰을 다루고 있다. 자신의 직급에 맞게 골라볼 수 있도록 직급별로 분류하였으나 처음부터 꼼꼼히 체크해나가는 것이 바람직하다. 1장에서는 회사라는 존재에 대해 다시 생각해보는 것부터 시작한다. 회사는 어떤 곳이고 어떤 존재인지, 당신의 생각과 비교해보라. 회사 존재에 대해 제대로 알게 되면 그것이 원하는 게 무엇인지 감을 잡을 수 있을 것이다. 2장과 3장은 '시간인식'에 주로 초점을 맞추고 있다. 회사생활 중에서 타이밍을 읽고 그에 대처하는 능력은 사원급 직장인에겐 매우 중요하다. 상사들은 거기에서 부하직원들의 비즈니스 감각을 엿보기 때문이다. 4장과 5장에서는 '팀리더십'에 대해 다루고 있다. 조직의 성과를 극대화하기 위해 회사의 시각과 부하직원들의 시각을 어떻게 조율해야 하는지, 리더십을 어떻게 발휘해야 하는지 다루고 있다. 이 장을 통해 리더십이 팀의 생산성에 어떻게 작용하는지 이해하게 될 것이다.

기업이 시간에 관심을 갖는 이유를 특별히 부록에 수록하였다. 직무기초능력 측면에서 시간관리가 어떤 의미를 갖는지 해설해놓았으며, 노동부에서 정의한 직무기초능력에 대한 정보도 같이 소개하였다. 시간에 대한 시각 차이를 확인하게 위해 250명의 직장인 및 대학생들을 대상으로 설문조사도 실시하였다. 조사 결과에 대한 분석도 실었다. 이것을 통해 회사의 시간을 바라보는 대학생과 직장인 간 시각 차이를 발견할 수 있을 것이다. 패턴을 알면 회사의 결정과 움직임을 이해할 수 있다. 이해할 수 있으면 예측할 수 있다. 예측할 수 있으면 통제하는 수준까지 갈 수 있다. 우선 회사의 시각과 의사결정 패턴을 이해하자. 그 사이 우리의 전두엽을 이 시각에 따라 조망할 수 있도록 성형하자. 새로운 전두엽이 타고난 조망능력을 발휘해 성공을 위한 능력을 발산해줄 것임은 의심의 여지가 없다.

1장
회사가 당신에게
요구하는 3%

인간의 4가지 욕구를 충족시켜라. 정북향에 삶을 일치시켜라. 원칙에 근거한 사명과 비전을 세워라. 주간단위로 계획을 세워라. 제2상한(급하지 않지만 중요한 일)의 활동을 우선하라. 국내에서 가장 유명하다고 알려진 시간관리 특강에서 제시하고 있는 지침들이 바로 위의 내용이다. 너무나도 바람직한 문장들이다. 게다가 이를 따르면 비즈니스 성공은 보장된다고 그들은 주장한다. 하지만 당신의 회사 역시 그럴까? 당신이 몸담고 있는 회사도 정말로 위의 지침들을 따르길 원할까? 사실대로 말하자면 그렇지 않을 가능성이 높다. '회사는 당신에게만 쉬쉬하는 게 많은 이상한 조직체일 뿐이다.' 그들은 결코 당신에 대해 걱정하지 않는다.

당신이 생각하는 가치와
회사가 원하는 가치

원칙에 근거한 사명과 비전을 세우고, 주간단위로 계획을 세우고, 급하지는 않지만 중요한 일의 활동을 우선하는 것. 책에서 말하는 이러한 지침들이 과연 회사에서 원하는 것일까? 이익과 발전에 기여하지 않는 이러한 지침들에 회사는 동조하지 않는다.

회사의 가치 시스템은 당신이 생각하는 것과 다른 경우가 많다. 회사는 당신이 회사에 더 많은 시간과 열정을 쏟길 원한다. 회사 홈페이지나 대외 홍보자료를 보면 회사가 내세우는 가치를 발견할 수 있다. 이렇게 대외적으로 내세우는 '직원우선 가치'를 곧이곧대로 믿는 사람이 많진 않겠지만, 다시 한 번 짚고 넘어가도록 하자.

회사에서 대외적으로 내세우는 가치와 실제 운영상 우선하는 가치는 다른 경우가 많다. 아니 대부분 다르다. 대외적인 가치는 기업홍보의 성격이 강하다. 따라서 그 가치를 벗어났다고 해서 문제되는 일도 없을 뿐더러 그것을 지켜야 한다는 당위성을 갖고 있는 것도 아니다. 그것은 말 그대로 홍보용이다.

반면, 운영상의 가치는 회사의 존망과 직접적으로 관련되어 있기 때문에 이것이 무너지면 회사는 치명적인 타격을 입는다. 대외적으로 속물적이고 이해타산적이라는 인상을 주지 않으려고 고상한 가치들 뒤에 운영상의 가치를 숨겨둘 뿐이다. 하지만 회사는 운영상의 가치를 더 우선하고 있다는 점을 주목해야 한다. 또한 이러한 대외적인 가치와 운영상의 가치 간에 인식의 차이를 발견할 수 있어야 한다.

이 인식의 차이는 시간관리에서도 그대로 적용된다. 회사만의 시간관리 가치와 지침이 있고, 이것들은 직무를 잘 수행할 수 있는가에 초점을 두고 있다. 개인의 행복과 만족추구는 회사의 관심과 별개일 가능성이 크다. 물론 개인의 행복과 만족을 존중해주는 회사도 있겠지만, 생산성에 영향을 주거나 직무 수행에 좋지 않은 문제를 발생시키는 것에 대해서는 어느 회사도 양보하지 않는다. 당신이 생각하는 가치에 대한 그것이, 혹시 회사에서 강조하는 그것과 충돌하고 있지는 않은지 곰곰이 생각해보라.

사규에 보이지 않는
또 다른 룰

국민정서법이 실정법 위에 존재한다고 하지만 회사에서도 명문화되지 않은 룰이 존재한다. 이를 무시하면 평가에 불이익을 당하고 더 나아가서는 회사에서 쫓겨날 수도 있다. 그 비밀을 잘 다룬 책이 바로 신시아 샤피로의 『회사가 당신에게 알려주지 않는 50가지 비밀』이라는 책이다. 이 책에서 선보인 보이지 않는 직장 룰에 대한 내용은 공공연한 비밀이자 불편한 진실로 다루어지며 많은 직장인들의 눈과 귀를 사로잡았다. 그 이유는 직장인 스스로가 생각하는 직장생활을 잘하는 기준과 회사가 생각하는 기준 사이에 커다란 갭을 사실적으로 짚어주었기 때문이다. 또한, 우리나라 기업 내에서도 분명이 존재하지만 실질적인 이슈로 잘 부각시키지 않는 사내정치(Office Politics)도 보이지 않는 기업 내의 룰로 자리잡고 있다. 미국에서는 일찍부터 사내정치의 중요성을 깨닫고 이에 관한 활발한 연구를 진행하고 있으며 역량이나 인·적성을 평가하는 진단 시스템에서도 사내정치 성향에 대한 것을 진단 범주에 넣고 있다. 시간의 룰 또한 기업 내에서 보이지 않는 룰로 자리잡고 있다. 그런데 사회초년생들은 이 시간의 룰을 잘 인식하지 못하였고 경력이 쌓이면서 자연스럽게 인식해 나가고 있었다. 본 주제를 위해 대학생과 직장인 250명을 대상으로 설문조사를 실시하였다. 그 결과는 이런 인식의 차이를 잘 보여 주었는데 몇 가지 예를 들면 '정기적인 보고'에 대해 사원급 직장인들은 응답자의 50%가 필수적이라고 생각한 반면 관리자 이상 직장인과 CEO들은 80%가 필수적이라고 응답하였다. 또한 '지시사항에 대한 기록'에 대해서 사원급 직장인들은 63%의 응답자가 필수적이라고 생각하였으나 관리자 이상급 직장인들과 CEO들은 83%가 필수적이라고 응답했다.

시간의 룰에 대한 인식 차이가 클수록 기업에 적응하는 데 어려움을 주게 된다. 자신이 기대하는 바와 상사나 회사가 기대하는 바가 다르기 때문이다. 당신이 현재 사원급 직장인이라면 이런 시간에 대한 인식 차를 빨리 줄이는 것이 직장생활 적응 시간을 단축시키는 지름길이다.

● 눈에 보이지 않는 룰들은 기본이라고 생각해서 별도로 가르쳐 주지도 않는다.

회사는 상사의 눈으로 직원을 감지한다

회사를 자신이 일하는 장소로만 인식하는 경우가 많다. 하지만 회사는 장소나 일 같은 단순한 개념이 아니라 하나의 인격이 있는 존재로 인식해야 한다. 법인이라는 것은 인간이 아닌 가상의 실체에 사업을 영위할 수 있는 인격을 부여한 것이다. 단, 회사에 대한 소유 개념을 명확히 하기 위해 주식이라는 주인권한 증서를 발급하고, 이 증서의 보유 수에 따라 소유주를 결정할 뿐이다. 회사도 유기체이다. 따라서 회사도 살아남기 위해 몸부림치고, 자신에게 유리한 것만 취하려고 든다. 자신의 생존을 위해서 이기적인 판단을 하고 자신에게 유리한 사람을 취하는 것은 당연한 일이다. 만약 자신을 구성하고 있는 조직이 자신의 생존에 위협이 된다고 판단되면 그것을 제거하거나 변형시키려고 한다. 이를 받아들이지 못하면 당신은 회사라는 유기체 속에 존재하기 어렵다. 또한 회사는 인격을 가진 존재이므로 다음과 같은 특성을 갖는데, 이런 특성들을 잘 이해해야 한다. 첫째, 회사도 인간처럼 자기만의 개성과 특징, 생각을 갖는다. 그리고 그것을 외부에 표출하고 주장한다. 둘째, 회사는 끊임없이 성장을 추구한다. 인간은 일정 기간 동안 성장을 하면 외형적인 성장을 멈추지만, 회사는 그렇지 않다. 끊임없이 성장을 해야 살아남는다. 셋째, 회사도 호불호의 기준을 가지고 있다. 그런데 그 기준은 철저히 회사 생존과 발전에 도움이 되는가의 여부에 달려 있다. 회사 차원의 시간관리 기준을 이 논리대로 판단한다면 어떤 결론을 얻을 수 있을까? 회사 차원의 시간관리는 회사 생존과 발전에 도움이 되는가가 가장 중요한 기준이 될 수밖에 없음을 알 수 있다.

여기서 한 가지 짚고 넘어가고 싶은 궁금한 사실이 있다.

'회사가 유기체라고 하지만, 사람처럼 직접적인 감각기관과 표현기관을 가진 실체가 아닌데 어떻게 정보들을 감지하고 표현할까?' 감각기관이 없는 회사가 어떻게 듣고 보고 표현하는지 궁금할 것이다. 이 비밀을 알면 당신은 회사를 이해하고 회사와 공생할 수 있다. 그 비밀은 바로 이것이다.

● 회사는 상사의 감각기관을 빌려 당신을 느끼고 감지한다

당신은 이미 한 배를 탔다

당신이 회사의 한 일원으로 속해 있다면, 일단 회사는 당신을 신뢰하기로 한 것이다. 당신에게 회사의 정책과 사업 방향을 비롯해서 영업상 기밀까지 공개할 것이다. 이는 당신이 업무를 원활하게 수행할 수 있게 하기 위해 불가피한 것이다. 업무와 관련한 임무를 부여하고 과업들을 추진하려면 당신에게 업무상의 기밀과 중요정보 취급을 허용할 수밖에 없기 때문이다. 이런 암묵적인 신뢰가 당신과 회사 사이에 깔려 있다. 안심하라. 회사는 일단 당신의 신용과 능력을 믿고 있으니 너무 긴장할 필요는 없다. 이미 기본 점수는 따놓은 셈이니 당신의 능력과 태도를 통해 회사에 확실한 믿음을 심어주는 것에 집중하자.

● 불공정한 처우가 느껴지는데 아무도 얘기하지 않는다면 당신에 대한 신뢰를 철회하고 있는지도 모른다.

회사에서 강조하는 시간관리 능력

　시간관리에 관한 내용을 다룬 책을 접한 독자들은 시간관리를 단순한 자기관리의 방법 정도로 생각하는 경향이 있다. 기업이 왜 시간관리에 주목하는지 제대로 이해하지 못하는 것이다. 그저 시간관리 기법이 개인의 업무에 적용하면 생산성에 도움이 될 것이라는 정도로 생각할 뿐이다. 하지만 시간관리는 산업공학 분야에서 체계적으로 다뤄지고 있으며, 경영학에서는 생산관리와 인사조직 분야에서 중요한 요소로 본다. 특히 업무 프로세스를 다루는 생산관리 분야는 시간을 이용하여 계량적으로 생산 단계를 분석해서 최적의 업무 프로세스를 설계한다. 요즘 각광받는 BPR(Business Process Reengineering)은 바로 업무 프로세스 개선에 초점을 둔 기술이다. 인사조직 분야에서는 직원과 조직의 역량을 평가할 때 이 시간관리 능력을 중요한 요소로 본다. 한국산업인력공단에서 연구한 기초직업능력표준(1차: 2003년, 2차: 2004년)에 따르면 '자기계발 능력'의 하위 능력 중 '자기관리 능력'의 핵심을 시간관리로 보고 있고 '자원관리 능력' 중 '시간관리 능력'을 하위 능력으로 정해두고 있다. 또한 직무역량을 다룬 유명한 저서인 『Competence at work』를 보면 직무기본역량과 관련하여 20개의 세부역량을 구분하고 있는데 그중 '목표지향성(Achievement Orientation)', '분석적 사고능력(Analytical Thinking)' 역량이 시간관리와 관련이 있다. 대기업과 중견기업의 신입사원 교육 커리큘럼을 보더라도 기업 입장에서 직원들의 시간관리 능력을 얼마나 중요하게 여기고

〈표〉 국내 기업의 자기관리 능력 향상 프로그램 내용

기관	프로그램명	주요 교육내용	교육방법	교육시간
POSCO 인재개발원	7Habit Workshop	• 지속적인 변화의지 함양 • 원칙 중심의 삶 실천/리더십 배양		3일 (23시간)
LG 인화원	소중한 것 먼저 하기	• 시간관리/플래너 사용하기 • 소중한 것 발견/계획/실행		8주
	Invest Maximum Time	• 시간관리 • 시간낭비를 가져오는 원인		2주
현대 인재개발원	개인성과관리	• 업무관리의 기본/실천역량 • 효율적인 업무수행과 생산성 향상	웹 기반학습, 동영상 강의	1개월
	소중한 것 먼저하기	• 시간관리/계획/목표작성/실행 • 시간낭비 극복/성과측정	웹 기반학습, 동영상 강의	2개월
	7Habit 과정	• 주도적이 되라/목표확립 • 소중한 것 먼저 하기/상호이익 모색 • 경청 후 이해시키기/시너지 활용 • 심신단련	강의, 토의, 비디오	4일

〈출처 : 기초직업능력표준 2차년도 보고서 [2004년도 한국산업인력공단]〉

있는지 짐작할 수 있다. 또한 종종 신문지상을 통해 소개되는 CEO 능력에 대한 기사를 보면 CEO의 능력 중 중요한 요소로 시간관리 능력을 꼽고 있다.(하버드 비즈니스 리뷰, 『What to ask the person in the mirror』, 로버트 캐플란, 2007년 1월)

시간관리 능력은 중요한 비즈니스 능력임을 여러 증거들을 통해 발견할 수 있다. 한 가지 안타까운 것은 이들 교육이 아직도 개인 차원에 머물러 있다는 점이다. '2상한의 일을 하라', '중요하지만 급하지 않은 활동을 하라' 등의 내용이 개인 시간관리의 관점에 맞추어져 있다 보니 회사업무에 적용이 어렵다.

● 회사는 당신의 균형적인 삶과 행복에 관심이 없을지도 모른다.

하버드 비즈니스 리뷰(HBR)는 『What to ask the person in the mirror』에서 상황 관찰과 자문이 CEO의 중요한 덕목이라고 강조했다. 그러면서 CEO의 경영 진단을 위한 7가지 점검사항을 제시했다.

비전 전파와 우선순위 설정	- 비전 달성을 위한 3~5가지 핵심 우선순위를 정했는가? - 핵심 우선순위를 조직원들에게 자주 전달하는가?
시간관리	- 나는 핵심 우선순위와 비례하여 시간을 활용하는가? - 직원들은 핵심 우선순위와 비례하여 시간을 활용하는가?
피드백	- 직원들에게 시의적절하고 직접적인 피드백을 제공하는가? - 나에게 따끔한 지적을 해주는 직원이 대여섯 명 정도 있는가?
후임자 관리	- 후임자를 (마음속에나마) 결정했는가? - 후임자들에게 도전적인 과제를 주고 피드백과 코칭을 제공하는가? - 충분히 권한을 위임하는가?
사업구상, 평가와 정리	- 회사의 조직 구조는 과제를 수행하기에 적합한가? - 새로운 프로젝트를 제안하고 진행할 담당자나 새로운 부서가 필요한가?
스트레스 관리	- 어떤 종류의 사건이 나에게 압박감을 주는지 아는가? - 스트레스를 받을 때 직원들에게 부정적인 신호를 보내지 않는가?
진솔한 리더십	- 나의 리더십 스타일은 나를 잘 반영하는가? - 나의 승진 가능성 등 개인적 이익이 의사결정에 영향을 미치는가?

(출처 : 매일경제 2007년 7월 2일자 기사)

2장
신입사원, 3%만
갖추어도 기본은 한다

업무환경에 대한 학습. 압박감에 대응하는 법. 다른 사람과 신뢰관계를 형성하는 법. 집중하는 방법. 적절한 휴식시간을 찾는 감각… 신입사원으로 처음 직장 문을 들어서면 적응해야 할 것이 한둘이 아니다. 회사 내 공식적인 규율이나 업무절차같이 가시적이고 구체적인 것도 있지만, 암암리에 인정되고 있는 룰처럼 비가시적이고 모호한 것도 있다. 암묵적인 룰 중에서 가장 중요하고 빨리 받아들여야 할 것은 바로 '회사는 상사의 눈을 통해 당신을 본다'는 것이다. 이 룰을 인정하고 얼마나 빨리 직장생활에 적용하느냐에 따라 회사 적응 속도가 결정된다.

회사는 모든 시간을 돈으로 환산한다

회사는 당신의 모든 것을 평가한다. 당신의 실적은 기본이고 업무태도, 팀워크, 리더십 등 많은 것을 평가의 지표로 삼는다. 물론 상사의 시각에서 말이다.

회사가 가진 감각 중에 정말 뛰어난 감각은 바로 시간을 돈으로 환산하는 감각이다. 당신이 영업실적에 따른 인센티브를 받는 경우가 아니라면 정해진 연봉을 받고 있을 것이다. 회사는 당신의 업무시간 1시간에 따른 돈의 가치를 계산을 통해 너무도 잘 알고 있다.

당신이 3,000만 원의 연봉을 받는다고 가정해보자. 그럼 한 달에 250만 원을 받는 셈이고, 이것을 한 달 동안의 근무시간(주 5일 근무로 약 160시간이 된다)으로 나누면 당신의 근무시간당 가치는 15,625원이 된다. 만약 당신이 근무시간 중 티타임과 같은 업무와 무관한 활동으로 하루 평균 1시간을 쓴다고 가정하면 한 달 근무일을 20일로 보았을 때 한 달에 312,500원이 된다. 회사는 당신이 그렇게 쓴 시간을 두고 매달 312,500원씩 날리고 있다고 생각할 것이다.

이렇게 근무와 관련 없는 시간을 모든 사원들이 매일 1시간씩 쓰고 있다면 100명 근로자 사업장에서는 월간 31,250,000원씩 허비하는 셈이 된다.

급여만 따졌을 때 이렇고 직원에게 부여되는 여러 가지 복지혜택 및 교육 투자, 각종 운영비 등을 감안하면 그 액수는 몇 배 이상으로 커져 억대에 이를 수 있다. 물론 각 직원들에 대한 연봉 수준이 다르기 때문에 여기서 산정한 금액은 현실과 차이가 있지만, 그것을 감안하더라도 상당한 금액이 낭비되는 것만은 사실이다.

업무시간은 회사의 자원이다. 퇴근 전까지 당신의 시간은 회사에 담보된 시간이다. 이것을 소홀히 하는 모습을 회사에서 좋게 볼 리 없다. 업무시간 중에 하는 사적인 전화, 메일, 메신저, 미니홈피나 블로그 관리, 온라인 주식, 게임에 대해 회사는 시간이 아닌 돈으로 아까워한다는 것을 기억하라.

혹시 '현재 실적이 좋으니 괜찮다'고 안심하고 있지는 않은가? 처음엔 좋은 실적에 눈을 감아주던 회사가 당신의 실적이 나빠지면 당신의 충성도와 평소의 업무태도를 문제삼아 내치려고 할 것이다. 회사는 성과가 좋을 때는 너그럽지만, 나쁠 때는 더없이 서럽게 대하는 곳이다. 이 모든 것이 회사의 생존이라는 불변의 목적이 있기 때문이다.

● 시간 사용에 대한 회사의 감시를 벗어나는 길은 연봉의 3배 이상 성과를 입증하는 길뿐이다.

| TIP | **직장 내에서 낭비되는 시간**

1) 직장인들이 업무시간에 제일 많이 하는 '딴 짓'은 인터넷 뉴스 검색이다

인크루트가 운영하는 연봉전문사이트 오픈샐러리가 엠브레인과 함께 직장인 2,052명을 대상으로 '직장인 딴 짓 실태'를 설문(2007년 9월 12일)한 결과에 따르면, 업무시간에 하는 딴 짓으로(복수응답) 뉴스검색(43.1%)을 가장 많이 했다. 이 밖에 온라인 쇼핑몰 검색(38.7%), 이메일 관리(38.2%), 미니 홈피 · 블로그 관리(30.7%), 동료직원과 수다(27.7%), 친구와 메신저(25.6%) 등을 업무 시간에 하고 있는 것으로 나타났다.

2) 직장인 45.7%가 업무 중에도 주식을 들여다본다

같은 조사에서 직장인 1,455명을 대상으로 주식투자 실태를 설문(2007년 10월 29일)한 결과에 따르면, 직장인 45.7%는 업무 중에도 주식에 시간을 쏟고 있는 것으로 조사됐다. 이들은 대개 '시세 및 시황을 체크'(45.4%)하거나 '주식 관련 뉴스를 검색'(34.3%)했다. 또한 일부는 '주식 등의 상품을 매매'(11.0%)하고 '투자 분야를 분석'(8.9%)하기까지 했다.

3) 직장인들은 근무 중 하루 평균 1시간은 쉰다

2007년 채용기업 코리아리크루트㈜가 직장인 1,504명을 대상으로 설문한 결과에 따르면 직장인들이 근무 중 하루 평균 쉬는 시간이 1시간 정도 된다고 한다.

출근시간,
당신의 성실성을 평가하는 절대 기준

출근시간 엄수는 사원이 지켜야 할 가장 기본적이고 보편적인 룰이다. 아직도 많은 관리자와 임원들은 출근시간을 통해 당신의 성실성을 판단한다. 아직도 철저한 근퇴관리는 인사관리의 기본이 되고 있으며, 근퇴관리를 자동으로 체크하는 시스템도 기업의 필수 시스템으로 자리잡고 있다. 더 나아가 많은 기업이 출근시간을 엄수하게 하기 위한 업무 시스템상의 노력도 기울이고 있는데, 대표적인 것이 조회(朝會)다.

2000년대 초 IT분야의 활황에 힘입어 벤처기업들이 우후죽순 늘어나면서 출근시간을 유연하게 조정할 수 있는 제도를 시행한 회사들이 많이 있었지만, 그 회사들조차도 고정 출근시간제로 회귀하고 있다. 현재 대세는 고정 출근시간제로 보인다.

상사들이 출근시간에 대해 가지고 있는 기준은 정해진 출근시간에 늦지 않는 수준이 아니다. 그들의 기준은 얼마나 일찍 출근하는가에 있다. 시대착오적이라고 이야기할지도 모르겠지만, 일찍 출근해서 자기계발을 하거나 업무를 수행하고 있는 부하직원이 더 좋아 보이고 더 열정적으로 느껴지는 것은 인지상정이다. 인간은 감정의 동물이기에 더 좋아 보이는 대상에 더 마음을 쓰게 되어 있다.

출근시간을 지적하면 일부 직장인들은 '출근시간은 철저히 관리하면서 왜 퇴근시간은 엄수하게 하지 않는가?'라며 볼멘소리를 하기도 한다. 야근이 관례화되어가는 상황에서 자기 시간을 보장받고 싶은 그들의 심정은 충분히 이해가 간다. 하지만 출근시간을 지키지 않는 근거로 불규칙한 퇴근시간을 든다면 회사는 당신의 그런 주장을 인정해주지 않는다.

출근시간 엄수에 대해 한 가지 덧붙일 것이 있다. 직원 회식이나 고객접대가 있는 다음날의 출근은 특히 신경을 써야 한다. 이런 때일수록 상사들은 지각 여부를 예민하게 체크한다. 새벽까지 술자리를 가진 후에도 끄떡없이 다음날 정시 출근했다는 상사의 무용담을 그냥 지나쳐 들을 일이 아니다.

● 정해진 출근시간을 잘 지키는 것보다 얼마나 더 일찍 나오는가가 중요하다.

퇴근 허용 시간을 제대로 감지하라

　　퇴근시간이 정해져 있지 않다고들 하지만 '퇴근 허용 시간'
은 있다. 즉, 퇴근을 해야 하는 시간은 없지만 퇴근이 허용되
는 시간은 암묵적으로 정해져 있다는 것이다. 퇴근이 허용되는
시간 이전에 퇴근을 하면 회사는 그것에 주목한다. 왜냐하면
앞에서도 한 번 언급했지만, 회사는 당신의 근무시간에 대해
비상할 정도의 환전감각을 가지고 있기 때문이다. 따라서 허용
되는 퇴근시간이 몇 시인지 파악해서 그 시간이 되기 전까지는
특별한 이유 없이 퇴근하지 않도록 한다. 단 10~20분 일찍 나
가는 것이라 할지라도 가볍게 생각해서는 안 된다. 피치 못할
사정이 생겨 조기퇴근을 해야 할 때는 상사에게 이유를 명확하
게 밝히고 허락을 얻은 후에 하도록 한다. 한 가지 더 이야기하
고 싶은 것은 외근 상황에서의 퇴근이다. IT 중소업체에 근무

하는 K대리는 고객사 시스템의 유지보수를 위해 외근할 경우
가 잦았다. 시스템 유지보수를 하다 보면 시간이 늦어져서 정
해진 퇴근시간을 넘기기 일쑤였다. 그래서 그런 경우에는 회사
에 복귀하지 않고 상사에게 보고하고 외근지에서 퇴근하곤 했
다. 그런데 한번은 일이 좀 일찍 끝나서 회사에 복귀하려는데,
생각해보니 회사까지 이동하면 퇴근시간을 훌쩍 넘길 것 같아
괜히 시간낭비하는 것 같아서 그대로 퇴근하기로 결심했다. 그
리고 상사에게 자신의 생각을 이야기하고 곧바로 퇴근하겠다
고 보고했다. 내키지 않는 듯했지만 상사는 K대리의 생각에 동
의해주었다. 그 후로 K대리는 이 일을 선례로 생각하여 비슷한
상황에서 조기퇴근을 결정했다. 그러던 어느 날 K대리는 상사
로부터 늦더라도 무조건 회사에 복귀한 후에 퇴근할 것을 명령
받았다. K대리는 상사의 조치가 부당하다고 느꼈지만 따를 수
밖에 없었다. 이런 상황에서는 기본적으로 회사에 들렀다가 퇴
근하는 태도를 갖는 것이 좋다. K대리처럼 회사에 복귀하면 대
충 퇴근시간이 될 것이니 그냥 퇴근하는 게 낫겠다고 생각하여
조기퇴근을 섣부르게 결정하지 않도록 한다. 조기퇴근은 회사
가 예민하게 여기는 것 중 하나이다. 이런 별것 아닌 듯한 일에
서 회사는 당신의 충성도를 가늠한다.

● 아직도 많은 회사에서 상사의 퇴근시간을 부하직원의 퇴근시간으로 삼고 있다.

상사의 기대 수준을
빨리 파악할 줄 아는 센스

회사에서 지시하는 수많은 업무들은 모두 마감시간을 가지고 있다. 처음 입사해서 적응해야 할 시간감각은 바로 마감시간에 대한 감각이다. 상사는 지시를 내린 후 결과를 받기까지 기대하는 제한시간을 가지고 있다. 그 제한시간이 지나도록 지시에 대한 어떠한 보고도 없으면 당신의 능력에 의문을 품게 된다. 그럼, 어떻게 상사가 기대하는 업무속도를 알아낼 수 있을까? 간단하다. 옆자리 선배에게 물어보면 된다. 상사가 기대하는 업무속도와 업무결과에 기대하는 질적 수준을 이야기해 줄 것이다. 예를 들어 당신에게 'Web2.0'에 대해 리서치를 하라는 지시를 내렸다고 하자. 선배에게 유사한 업무에 대해 어느 정도의 소요시간과 어느 수준의 결과를 기대하는지 먼저 물어보라. 즉, 리서치에 대한 지시사항에 대해 평소 상사가 어느 정도 시점에서 확인했었는지 묻고, 원하는 보고형식과 내용의 디테일 수준을 파악한다. 예전에 작성한 비슷한 보고서 형식이 있다면 부탁해서 얻어내면 더 좋다. 이제 파악한 정보를 가지고 일을 진행하면 된다. 간혹 전례 없는 업무를 지시받기도 할 것이다. 그런 경우에는 일단 보고가 가능한 수준의 결과물을 빠른 시간 내에 만들어라. 그리고 상사에게 가서 그 결과물을 보여주고 피드백을 받아라. 이때는 구체적으로 알려줄 것이다. 해야 할 일이 명확해지면 예상시간을 어느 정도 가늠할 수 있다. 그때 상사에게 언제까지 결과를 보고해야 하는지 질문하라. 역시 그것도 알려줄 것이다. 마감시간을 묻는 것을 두려워할 필요는 없다. 상사도 지시사항이 미궁에 빠지는 것이 싫을 뿐이지 마감시간을 정하는 것을 귀찮아하지는 않는다. 물론 비슷한 지시사항은 당신이 알아서 마감시간을 가늠하는 감각은 가져야 한다. 지식근로사회에서 모든 업무마다 매뉴얼이나 정해진 방법이 있을 리 없다. 하지만 상사의 기대는 있기 마련이다. 그것을 빨리 파악해서 그 속도를 맞추는 센스가 신입사원인 당신에게 필요하다. 상사가 기대하는 업무처리 속도를 맞추기 시작하면 그 다음에는 굵직한 임무가 주어진다.

● 많은 업무들이 '가급적 빨리' 라는 애매한 마감시간을 갖고 있다.

보고는 시간 낭비가 아니다

　당신은 회사에서 주어진 근무시간 동안 열심히 일한다. 아마 열심히 일하는 자신의 모습에 뿌듯함마저 느끼고 있을지도 모르겠다. 이렇게 열심히 회사를 위해 일하고 있는데 상사의 반응은 뜻뜨미지근하고, 심지어 당신이 진행하는 업무에 관심이 없는 것처럼 보이기도 한다. 이런 반응에 서운한 감정을 느끼고 상사와의 거리를 벌린다면 관심에서도 멀어질 뿐이다. 상사가 아무리 회사경험이 많고 능력이 뛰어나도 당신이 얼마만큼 과업을 진행하고 있는지 파악하고 있지 않다. 자신의 업무도 바쁜 상황에서 당신에게 위임한 업무까지 알아서 체크할 만큼 여유롭지 않다는 것이다. 당신이 입을 닫고 상사에게 정보를 주지 않으면 상사는 진행상황을 알 수 없는 것이다. 상사가 당신이 하고 있는 업무의 진행상황을 알아서 파악해주기엔 너무 바쁘다. 따라서 상사에게 정기적으로 과업진행과 업무에 대해 보고하고 피드백을 받아라. 팀 내 정기회의 때만 보고한다는 생각을 버리고, 개인적인 보고일정을 만들어 상사와 미팅을 가져라. 이것이 시간낭비로 여겨질 수 있겠지만, 따져보면 실수를 줄이고 상사의 의도에 맞게 임무를 진행할 수 있어서 오히려 시간을 절약하게 된다. 정기보고는 다른 부수적인 효과를 가져오기도 한다. 기업 IR부서에 다녔던 H대리는 광고기획사로 이직을 했다. 새로운 직장에서 능력을 보이기 위해 연일 야근을 하며 새로운 프로젝트를 준비하고 기획서를 만들었다. 그런데 어느 날 기획회의에서 자신이 준비한 내용을 상사가 버젓이 자신이 준비한 결과물로 보고를 하고 있는 것이 아닌가? 자신의 아이디어를 검증받기 위해 상사와 이야기를 나누었던 것이 화근이었다. 그 시점부터 H대리는 업무보고서를 작성하기 시작했다. 새로운 아이디어와 진행상황을 명확히 보고서에 작성해넣었고 그것을 정기적으로 상사에게 메일로 보내고 그 내용을 가지고 미팅을 했다. 업무보고서를 작성하는 일은 귀찮았지만, 그 후로 상사가 자신의 성과를 가로채는 일은 없었다. 극단적인 예인지 모르겠지만, 자신의 활동을 어필하고 성과를 보호하는 역할을 하는 것이 정기보고이다.

● 정기보고가 주는 또 하나 좋은 점은 상사가 그 과업에 대해 기대하는 바를 파악할 수 있다는 것이다.

상사의 사소한 지시를 놓치지 마라

입사한 지 2개월이 된 L씨는 이제 겨우 회사와 팀의 분위기에 적응한 느낌이다. 군대에서 조직생활을 경험해보긴 했지만, 회사라는 곳은 또 다른 속성을 가진 조직이란 것을 절감하고 있다. L씨는 직장에 빨리 적응하는 것을 목표로 삼고 열심히 업무에 임하였다. 그렇게 상사와 팀원들의 눈치를 살피며 노력한 나날이 2개월이 된 것이다. 지금은 처음에 느꼈던 극도의 긴장감도 줄어들고, 회사 내에 자리를 잡지 못할 것 같은 불안감도 잦아들었다. 이젠 자신의 역할과 위치를 찾았다는 느낌에 안정감마저 든다. 여느 때처럼 회의가 열렸다. 회의가 끝날 무렵 상사가 가볍게 한마디 던진다.

"L씨 '블로그'에 대해서 알아봐!"

"네, 알겠습니다."

회의가 끝나 팀원들이 회의장을 빠져나가는 긴장이 풀린 분위기. L씨는 대수롭지 않게 들었다. 며칠 후.

"L씨 '블로그'에 대해서 조사한 것 어떻게 되었나?"

"네? 그냥 한번 알아보라고 하신 것 아니었나요?"

당황한 L씨는 그제야 인터넷을 뒤지기 시작했다.

위 사례는 신입사원이라면 한 번쯤은 겪는 실수 중 하나이다. 상사가 사소한 듯이 내리는 지시사항들이 있다. L씨의 사례처럼 회의가 끝날 무렵에 간혹 상사가 가볍게 지시사항을 던지곤 한다. 회의가 끝날 무렵에는 누구나 긴장이 풀리기 마련인데, 그런 상황에서 가벼운 어조로 지시를 내리면 지시라기보다는 사소한 부탁 정도로 느껴진다. 이것이 바로 함정이다. 상사는 사소한 듯 내린 지시사항을 모두 기억하고 있다가 반드시 나중에 체크한다. 사소해보이는 지시도 지시다. 다른 업무로 바빠 지시사항을 수행하지 못하는 경우는 있겠지만, 잊어버려 수행하지 못한 경우라면 사태는 심각해진다. 상사도 당신의 꼼꼼하지 못한 업무태도를 지적할 것이다.

회의장을 벗어날 때까지 긴장을 완전히 풀지 말고, 상사가 하는 말에 귀를 기울여라. 그리고 지시에 해당하는 말이라면 기록해두어라. 그러면 된다.

● 간혹 상사가 자신이 내린 지시를 잊기도 하지만, 그렇다고 당신도 그럴 수 있다는 것은 아니다.

나의 상사는 시각형인가, 청각형인가

    수직적인 관계에 있는 조직에서는 상사의 지시와 관리를 받게 되어 있다. 그런데 항상 지시를 따라다니는 것이 있다. 바로 보고이다. 스스로 만들어서 하는 업무일지라도 그 결과와 과정은 상사에게 보고해야 한다. 그런데 상사의 보고받는 유형을 몰라 보고에 시간을 낭비하는 경우가 있다. 보고는 효과적으로 하는 것이 매우 중요한데, 그 기준은 자신의 의견을 얼마나 잘 전달하느냐에 달려 있다.

    상사는 정보를 얻는 방법에 따라 시각형과 청각형으로 나누어진다. 시각형 상사에게는 시각적 효과를 최대한 살린 완벽한 보고서를 작성하여 보여주고, 간단한 요점만 곁들이는 것이 효과적이다. 시각형 상사는 구구절절 설명을 늘어놓는 것을 싫어하기 때문이다. 청각형 상사에게는 간단하게 요점단 적은 제안서를 들고 가서, 말로 충분하게 설명하는 것이 효과적이다. 청각형 상사는 당신의 설명과 질의응답을 통해 정보를 확인하는 습관을 가지고 있다. 상사의 유형은 직장 선배들에게 조언을 구하면 알 수 있다. 좋아하는 보고서의 유형이나 보고 스타일 등을 미리 파악해서 그것에 맞게 준비하도록 하라.

보고서 작성의 대원칙은 '핵심을 파악하기 쉽게 쓴다' 이다. 보고서는 소설이나 수필같이 작품성을 추구하는 글이 아닌 자신의 의견이나 정보를 전달하는 매우 실용적인 글이다. 따라서 예쁘게 꾸미기 위해 애쓰지 말고, 짧은 시간에 핵심적인 사항이 파악될 수 있도록 디자인한다. 핵심을 빨리 정확하게 전달할 수 있다면 어떠한 조치도 허용된다.

글씨 강조, 단락 구분, 넘버링, 축약어 사용 등 내용을 잘 파악할 수 있게 하려면 어떻게 해야 좋을지 고민해보라. 읽는 시간을 줄여주는 것도 시간관리에 있어서 큰 의미가 있다.

● 상사가 어떤 유형에 속하든 보고에 있어서 가장 중요한 것은 핵심을 정확히 전달하는 것이다.

문제가 발생했을 때는
미루지 말고 신속하게 보고하라

　업무를 수행하다 보면 늘 생각대로 잘 풀려나가는 것만은 아니다. 뜻하지 않은 곳에서 문제가 발생하여 당황스럽게 만드는 일이 항상 있기 마련이고, 그것 때문에 많은 시간과 집중력을 소모하게 된다. 일부 문제들은 그 업무의 책임을 닿은 당신 손에서 해결이 되는 경우도 있지만, 생각보다 문제가 심각한 경우에는 혼자 힘으로는 도저히 해결이 안 되는 것도 있다.

　발생한 문제가 자신이 감당할 수 없는 수준이라면 누구나 크게 당황하게 되고, 그 문제에 대한 책임을 회피하고픈 생각까지 든다. 그래서 문제에 적극적으로 대처하지 못하고 쉬쉬하며 덮으려는 태도를 취하기 쉽다. 책임추궁과 질책, 능력에 대한 평가절하 등 온갖 부정적인 반응이 두려워 상사에게 문제를 보고하는 것을 미루다가 해결의 타이밍을 놓치는 경우가 많다.

또 한 가지 빠지지 말아야 할 함정은 '시간이 지나면 좋은 방법이 생길 것'이라는 막연한 낙관론이다. 이런 낙관론에 기대어 보고를 미루는 예가 많다. 문제해결에 있어서는 이런 막연한 낙관론에 기대지 마라. 이럴 때일수록 머피의 법칙이 정말 잘 작동한다. 즉, 문제가 커지고 나서야 당신이 기대했던 좋은 방법이 나타나는 것이다. '진작 알았으면……', '그때 떠올랐더라면……'이라면서 땅을 쳐봐야 소용없다.

문제는 시간을 두고 묵힐수록 점점 더 심각해지고 커지는 속성을 가지고 있다. 초기에 대응했으면 부작용과 손실을 최소화할 수 있을 것을 타이밍을 놓쳐 일이 더 힘들어지는 경우가 비일비재하다. 따라서 문제가 발생하면 보고는 신속하게 하라. 그리고 솔직하게 모든 상황을 보고하라. 문제를 해결할 때는 현재상황이 어떤지 정확하게 판단하는 것이 우선인데, 이때 정확한 정보를 제공하지 못하면 엉뚱한 대응을 하게 만들어 문제해결을 어렵게 한다. 정확하고 신속한 보고가 문제해결의 핵심 열쇠임을 명심하라.

● 상사는 문제를 발생시킨 것보다 문제를 숨겨 악화시킨 것을 더 질책한다.

상사의 우선순위를 파악하라

신입사원이 적응해야 할 것이 많지만, 그중에서 상사의 우선
순위를 파악하는 것도 매우 중요하다. 이것을 파악하지 못하면
같은 일을 하고도 능력이 없거나 센스가 없다는 소리를 듣게 된
다. 대개 신입사원들은 이런 것에 대한 인식이 부족하여 자기
임의로 우선순위를 결정한다. 먼저 부여된 임무를 완전히 마치
지 않은 상태에서 새로운 임무를 부여받은 경우, 이전 임무를
중단하고 새로운 임무에 착수하는 것도 신입사원들이 자주 보
이는 모습이다. 상사들은 일반적으로 다음의 임무어 대해 우선
순위를 높게 둔다. 첫째, 당신이 처리한 결과를 다른 사람에게
인계해야 하는 일. 당신이 수행하고 있는 일의 결과를 넘겨받아
야 다른 사람의 일이 시작되는 일은 우선순위가 높다. 주로 이런

업무들은 수행결과가 여러 파생 업무들에 대한 핵심정보를 제공하거나 시작점이 되기 때문에 그 업무의 완수속도가 전체 과업 진행에 영향을 준다. 상사는 당신뿐만 아니라 여러 사원을 관리하고 있고 전체 과업을 관리해야 하므로 업무진행에 있어서 어느 한 부분이라도 일의 진척을 방해하는 부분을 만나면 답답함과 스트레스를 느낀다. 이런 업무를 맡았다면 당신 때문에 상사가 계획한 전체 스케줄에 차질이 생기지 않게 해야 한다. 둘째, 처리했던 일이 문제가 발생한 경우. 문제나 위기발생에 따른 해결조치는 항상 높은 순위를 갖는다. 왜냐하면 문제들은 타이밍을 놓치면 점점 커지는 속성을 가지고 있기 때문이다. 따라서 문제해결비용을 줄이려면 신속한 조치가 필수적이다. 셋째, 급하다고 강조한 일. 마감시간을 알려주면서 급하다고 강조한 일은 최우선적으로 수행해야 한다. 만약 상사가 급하다고 하는 말을 입버릇처럼 하는 스타일이라면 이전에 부여된 임무와 우선순위를 조정해달라고 요청한다. 상사마다 우선순위를 결정하는 기준이 다르므로 우선순위를 정하는 패턴을 잘 읽어 그것에 맞게 대응하는 것이 센스 있는 사원이 되는 지름길이다. 상사는 센스 있는 부하직원과 일하는 것을 즐긴다.

● 상사의 우선순위는 아무도 알려주지 않는다.

두 말이 필요 없는
고객과의 약속시간

회사를 먹여살리는 사람은 고객이다. 이 사실은 그 어느 누구도 부인할 수 없을 것이다. 따라서 고객에게 잘하는 직원을 회사는 좋아하게 되어 있다.

고객은 누구인가?

성공학이나 처세술에서 이야기하는 고객은 상사나 동료, 사업파트너 등 모든 이해관계자들을 포괄하지만, 일단 여기서는 최종적으로 회사의 상품이나 서비스를 구매하는 사람들로만 한정하기로 한다. 당신이 고객을 만나는 상황은 상품이나 서비스를 판매할 때, 고객이 정보를 구할 때, 불만을 제기해왔을 때이다. 그 외에 사적으로 친분을 맺고 접촉하는 것은 일단 여기서 제외하자.

고객과 만날 약속을 잡은 경우 두말 할 것 없이 약속시간에 늦으면 안 된다. 이것은 철칙이다. 자신의 시간을 존중해주지 않는 사람에게 고객은 마음을 열지 않는다.

특히 첫 만남의 약속은 반드시 지켜야 한다. 만약 여러 가지 업무수행을 위해 장소이동을 빈번히 하다가 어쩔 수 없이 약속시간에 늦게 되었다면 미리 고객에게 연락을 해서 늦게 된 사실을 사과하고 도착 때까지 기다려줄 수 있는지 물어봐야 한다. 그런데 약속시간이 거의 다 되어서야 전화를 하는 것은 가급적 피하라. 3시로 정한 약속인데 3시에 임박해서 1시간쯤 늦는다는 이야기를 들으면 고객은 이것을 양해를 구하는 것으로 보지 않고 통보로 여긴다.

또한, 많은 사람들이 착각하는 것이 한 가지 더 있다. 약속장소로 가는 길에 조금 늦을 것 같아 약속시간이 될 즈음 상대에게 전화를 걸어 몇 분 후에 도착할 것이라고 알리는 행위이다. 비록 몸은 도착하지 않았더라도 미리 전화를 했으니 약속시간을 지킨 것으로 하자는 것이다. 휴대폰이 보편화되면서 이런 모습을 보이는 사람들이 부쩍 늘었다. 하지만 먼저 전화했다고 해서 약속을 지켰다고 생각하는 것은 착각이다. 처음 몇 번은 이런 태도를 양해받을 수 있지만, 자주 그런 모습을 보이면 고객은 당신을 시간관념이 약한 사람으로 인식한다.

반대로 고객이 약속을 미루거나 취소하는 경우는 어떻게 할까? 미리 알려준 것에 감사를 표하고 절대 아쉬움이나 기분 상

한 티를 내지 않도록 한다. 약속을 미루거나 취소를 알리는 상
대도 미안한 마음을 가지고 전화를 한 것인데, 당신으로부터 그
런 반응이 느껴지면 다음에 만나는 것을 부담스럽게 생각한다.

● 문자 메시지를 통해 늦음을 알리는 것은 더더욱 하지 말아야 할 행동이다.

고객이 정보를 요청할 때는
처리 시간부터 알려준다

고객은 간혹 회사의 서비스와 상품에 대해 더 자세히 알기 위해 정보를 요구한다. 그 정보를 당신이 미리 준비하고 있을 수도 있지만, 새로 만들어야 하는 경우도 있다. 예를 들면 고객이 제안서를 만들어 보내라든가 구매단위, 구매상품 변경에 따른 새로운 견적서를 요청할 수도 있다. 때에 따라서는 구매와 전혀 관계가 없는 정보를 요구하기도 한다.

이때 많은 사람들은 그냥 '알겠습니다', '되는 대로 보내드리겠습니다' 라고 막연하게 대답한다. 이런 막연한 대답을 듣고 나면 고객은 찜찜해한다. 자신의 요청이 제대로 접수되었는지 의구심이 들기 때문이다. 이렇게 고객에게 정보요청을 받으면 자신의 활동계획을 확인하고 처리에 드는 소요시간을 예상하여 언제까지 결과를 보내겠다고 구체적으로 알려주어야 한다. 그래야 고객은 안심하고 기다린다.

간혹 당신이 고객과 약속한 시간을 지키지 못하는 경우가 있다. 그럴 때는 정확한 이유와 상황을 알려주고 어느 정도 더 걸릴 것이라고 이야기하라. 당신의 상황을 고객이 양해해주면 더 지체되지 않도록 우선순위를 높여 그 일을 처리하도록 한다.

고객의 요청이 단순한 정보요구가 아니라 불만처리라면 상황이 다르다. 불만처리는 더욱 신경을 써서 우선적으로 처리해야 한다. 와튼 스쿨이 2005년 미국 소비자 1,186명을 대상으로 실시한 「2006 불만 고객 연구 보고서」에 따르면 고객 100명이 불만을 느끼면 32~36명의 고객이 같은 매장에 방문하지 않는 것으로 나타났다. 불만을 느낀 고객 가운데 직접 기업에 항의하는 고객은 6%에 불과한 반면 불만을 참지 못하고 친구, 가족, 동료에게 적극적으로 알리는 고객은 31%에 달했다.

이처럼 고객의 불만은 엄청난 규모의 잠재 고객 상실로 이어지고 있다. 따라서 불만처리의 요청은 우선순위를 높여 최대한 빨리 처리해 회사의 서비스나 상품에 불만을 남기지 않도록 노력해야 한다.

● 고객은 같은 말을 반복하는 것을 싫어한다. 이미 요청했던 것을 재차 요청하지 않게 하자.

고객 앞에서는
임시 기록 도구를 쓰지 말자

미팅 상황에서 고객은 당신의 반응과 행동을 세심하게 바라본다. 고객과의 신뢰가 싹트고 탄탄한 관계형성이 이루어지기 전까지 이런 상황은 계속 된다. 미팅에서 고객이 당신에게 어떤 요청을 할 때 어떻게 하면 신뢰를 줄 수 있을까?

답은 간단하다. 기록하는 것이다.

그런데 아무데나 적는 모습은 오히려 신뢰를 떨어뜨린다. 많은 사람들이 포스트잇이나 메모지를 기록도구로 활용하고 있는데, 그것들이 편리한 기록도구이긴 하지만 공식적인 느낌을 주는 기록도구로 보기는 어렵다. 오히려 임시적이고 휘발성이 강하다는 이미지를 주는 도구다.

임시적인 느낌을 주는 기록도구에 요청사항을 적는 것은 고객의 요청을 중요하게 다루지 않는다는 인상을 줄 수 있다. 물론 아무것도 기록하지 않고 '알았다'는 대답만 하는 것보다는 낫겠지만, 포스트잇이나 메모지에 적는 것도 요청사항이 소홀하게 취급될 수 있다는 불안감을 주기는 마찬가지다.

따라서 수첩이나 플래너에 기록하는 모습을 보여주어라. 즉, 공식적인 느낌을 주는 기록도구에 고객의 요청사항을 적어라. 수첩이나 플래너에 고객의 이름, 요청날짜, 처리기한, 요청사항을 기록한 후 요구사항을 제대로 자신이 이해했는지 질문을 하여 확인을 받아라. 그러면 고객은 안심할 것이다.

● 고객은 처리결과만큼 자신의 요청사항이 소중하게 다루어지길 바란다.

| TIP | 기록 도구에 대해

시중에는 기록도구가 많이 나와 있다. 방법도 그만큼 다양하다. 그중에서 주로 사용되는 방식은 다음 3가지이다.

1) 포스트 잇, 메모지 시스템 : 닥치는 대로 아무데나 메모해두는 방식.

가장 간편하고 특별한 형식이 없기 때문에 기록방식 적용에 별도의 노력이 필요치 않다. 하지만 몇 가지 단점 때문에 메모의 고수들은 급한 기록이 필요한 경우 외에는 잘 쓰지 않는다. 거기엔 3가지 이유가 있는데 첫째, 메모지나 포스트잇은 기록들이 산재되기 때문에 별도의 정리과정을 거쳐야 한다. 둘째, 기록이 산재되어 보관되므로 잃어버릴 확률이 높다. 셋째, 기록이 정리되어 있지 않아 필요한 정보를 찾는 데 시간이 많이 걸린다.

2) 노트, 수첩 시스템 : 무지나 줄만 그어진 노트나 수첩을 이용하는 방식.

포스트잇, 메모지 시스템처럼 기록들이 산재되는 단점을 피할 수 있다. 그리고 형식이 복잡하지 않아 자기가 원하는 대로 자유롭게 기록할 수 있다. 단점은 일정한 룰을 정해서 쓰지 않으면 기록들이 마치 건초더미처럼 위로만 쌓이는 구조를 갖기 때문에 정보를 정리하기도, 찾기도 어려워진다. 기록된 순서에 의존할 뿐이다. 한쪽 방향으로 기록이 쌓이는 구조의 또 다른 단점은 오래된 기록들은 잘 잊혀지고 관심에서 멀어진다는 것이다. 쓰는 사람의 기록능력, 정리능력에 따라 얻을 수 있는 효과에서 차이가 많이 난다.

3) 전문 기록장 및 플래너 시스템 : 특정한 룰에 의해 기록하는 여러 종류의 양식을 가진 전문적인 기록장이나 플래너를 이용하는 방식.

시간단위로 기록할 수 있는 양식, 연락처를 체계적으로 기록할 수 있는 양식, 과업계획을 세우고 과정을 체크할 수 있는 양식, 특정지식들을 정리할 수 있는 양식, 비전을 정하고 목표를 세울 수 있는 양식 등 특정한 용도를 위해 사용되는 전문양식들을 활용하는 것이다. 용도가 확실하기 때문에 관련 지식이나 정보를 정리하기도 좋고, 찾아보기도 좋다. 그리고 전문양식들은 효과적으로 정보를 관리하고 기록할 수 있도록 설계되어 있기 때문에 꾸준히 쓰는 것만으로도 지식과 시간이 관리된다. 단, 앞의 두 방식에 비해 양식을 사용하는 방법을 이해하고 적응해야 한다는 번거로움은 있다.

어떤 경우라도
고객의 불만에 반박하지 마라

고객의 요청은 처리시간을 기준으로 당장 처리할 것과 시간을 두고 기다릴 수 있는 것으로 나누어진다. 그런데 요청시에는 항상 당장 처리해줄 것을 요구한다. 이에 따라 당신은 모든 고객의 요청을 당장 처리하려고만 한다. 하지만 모든 고객의 요청과 불만처리를 당신 업무에서 최우선하다가는 정말 중요한 일을 못하게 될 수도 있다.

고객은 누구나 빠른 처리를 원하지만, 실제로 고객이 불만에 대해 가장 원하는 것은 자신의 불만을 인정받고 싶은 것이다. 즉, 고객은 자신이 제기한 불만을 당신에게 인정받고 그것이 처리될 것이라는 믿음을 얻고 싶어한다. 이런 고객의 불안을 해소하고 불만처리에 대해 신뢰를 줄 수 있으면 이후에 당신이 제시하는 처리방법에 대해서는 왈가왈부하지 않는다.

고객이 불만을 제기하면, 반박하려고 하지 말고 우선 고객의 불만을 수용하고 고객의 감정에 동의해주어라. 사람은 감정의 동물이므로 감정의 위안과 공감을 느끼면 기분이 좋아지고, 마음의 앙금이 풀리게 되어 있다. 고객의 감정을 누그러뜨린 다음 고객의 궁극적인 불만사항을 알아낸다. 질문을 통해 불만을 알아낸 후에 최종적으로 불만을 제대로 이해했는지 확인을 받아라.

　불만이 파악되었으면 이제 당신이 처리전략을 놓고 판단해야 하는 시점이다. 만약 당장 처리가 가능한 일이라고 판단되면 곧장 처리완료하겠다고 알려주어라. 그런데 시간이 걸리는 일이거나 기술적인 검토 때문에 당신이 당장 판단할 수 없는 것이면 처리기한을 약속하지 말고, 일단은 처리접수를 해놓겠다고 하라. 그리고 이 일은 시간이 걸리는 일임을 알려주어라. 고객은 당장 처리결과를 바라는 것이 아니다.

　처리에 필요한 시간이 파악되면 고객에게 언제까지 완료될 것인지 알려주도록 한다. 처리되고 있는 중이고 약속한 기한이 되지 않았는데 재촉하는 고객은 없다. 약속한 처리기한이 되지 않았더라도 중간에 고객에게 처리과정에 대한 정보를 주어 안심시키는 것도 당신의 몫이다.

　당신이 고객에게 약속한 마감기한은 꼭 지키도록 한다.

● 고객의 관심은 처리에 걸리는 시간이 아니라 마감시간을 지키는가에 있다.

목적이 아닌
수단에 몰두하는 함정에 빠지지 마라

업무를 하다 보면 가끔 업무과정상에 있는 특정작업에 과도한 시간을 쓰게 되는 경우가 있다. 많은 사람들이 이렇게 시간을 낭비하고 있다. 영업부 K대리는 제안서에 필요한 신문기사를 찾기 위해 포털사이트에 접속했다. 뉴스를 검색하다가 화면 귀퉁이의 '부장님은 행복해… 직장인 행복지수 1위'라는 기사가 눈에 들어온다. 찾는 기사는 아니었지만 재미있어 보여 그 기사를 열어본다. 그 기사를 읽고 나니 기사 아래에 관련기사 링크들이 있다. 또, 무의식적으로 그 링크들을 따라 기사를 열어본다. K대리는 결국 그렇게 1시간을 보내고 말았다. 2007년 인크루트에서 실시한 설문조사에 의하면 '직장인들이 업무시간에 제일 많이 하는 '딴 짓'은 인터넷 뉴스 검색이라고 한다. 마케팅팀 C대리는 파워포인트로 내일 있을 프레젠테이션 자료를 작성하고 있다. 내용구성을 마치고 세부 페이지 작성에 들어갔다. 그런데 C대리는 첫 페이지 디자인이 마음에 들지 않았다. 첫 페이지가 프레젠테이션의 인상을 결정하는 가장 중요한 페이지라는 생각이 들었기 때문이다. 그래서 인터넷을 검색하여 좋은 파워포인트 디자인을 찾아 응용하기로 하고, 몇 가지 시안을 찾아 전문 그래픽 소프트웨어까지 동원해가며 첫 페이지 디자인에 열을 쏟았다. 완성된 첫 페이지 디자인에 대한 감탄도 잠시, 시간은 훌쩍 지나 퇴근시간이 가까워지고 있었다. C대리는 갑자기 허탈해졌다. 약 30페이지 가량의 발표자료를 만들어야 하는데 이제 1페이지 완성한 것이다. 현재 하고 있는 업무가 지루하거나 어려운 경우 수단에 빠지는 유혹에 잘 넘어간다. 간혹 그런 과정에서 좋은 아이디어나 뜻하지 않은 유용한 결과물을 얻기도 하지만, 항상 그런 것은 아니다. 일반적으로 해당 업무에 얼마나 많은 시간을 썼는가를 두고 열심히 했는지 여부를 평가하는 경향이 있는데, 이것은 명백한 착각이다. 투자시간의 양의 문제가 아니라 질이 문제인 것이다. 해당 업무가 요구하는 목적을 먼저 충족시키는 것이 우선이고, 퀄리티를 높이는 것은 그 다음이다. 스스로 그 업무에 충실히 집중했는지 특정 수단이나 기술에 재미를 추구한 것은 아닌지 평가해보라.

● 해당 업무의 궁극적인 목적을 충족하지 못하면 다른 것이 아무리 좋아도 미션은 실패한 것이다.

| TIP | **시간낭비를 판단하는 기준**

첫째, 비생산적인 일에 시간을 과도하게 썼을 때.

신변잡기로 불리는 오락, TV 시청, 능력개발도 안 되고 몰입감도 전혀 주지 않는 취미활동(실제로는 단순 오락에 지나지 않는 경우가 많음)에 시간을 쓰는 것은 그냥 시간을 때운 것에 지나지 않는다.

둘째, 시간을 적게 들여도 되는 일에 시간을 많이 썼을 때.

청소, 목욕, 신문 보기 같은 일은 필요는 하지만 시간을 많이 들일 일은 아니다. 이런 일조차 많은 시간을 쓰고 있다면 자신이 쓸 수 있는 가용시간은 줄어들 수밖에 없다.

셋째, 가장 능률이 높은 시간에 덜 중요한 일을 할 때.

급히 해결해야 할 중요한 문제가 아닌데 쉽다는 이유로 가장 능률이 좋은 시간에 그 일을 하거나, 잡담이나 신문 보기 등으로 능률 높은 때를 보내는 것은 시간을 허비한 것이다.

넷째, 필요한 일인지 생각해보지도 않고 달려들 때.

자신에게 필요한 일인지 냉정히 따져보지도 않고 의욕에 넘쳐 무턱대고 달려드는 것도 시간 낭비에 해당한다. 우선순위 판단 없이 활동이 주는 매력만 보고 시작하는 일이기에 별 볼일 없는 결과를 가져올 공산이 크다.

간편한 이메일,
너무 믿지는 말자

이메일은 일상생활에서나 비즈니스에서나 매우 유용한 통신수단이다. 우편과 팩스도 여전히 많이 활용되고 있지만, 활용빈도나 정보전달의 유용성 면에서는 이메일을 따라오지 못한다. 정보를 송신하고 수신하는 데 비용이 거의 들지 않고 간편하며 전송속도도 빠른 이메일은 앞으로도 많이 활용될 통신매체임에 틀림없다.

그러나 많은 장점을 가진 이메일을 너무 믿지는 마라.

여기서 믿지 말라는 의미는 메시지를 보냈다고 해서 상대가 반드시 받을 것이라는 가정을 하지 말라는 것이다. 팩스 송신과 비슷하다고 보면 된다. 일반적인 팩스 송수신의 관행은 팩스를 보낸 후 반드시 전화를 걸어 수신을 확인한다. 상대가 제대로 된 메시지를 받지 못하거나, 보내진 메시지가 수신자에게 정확히 전달되지 않는 경우가 있기 때문이다. 그래서 팩스의 경우는 그런 송수신의 실패를 줄이기 위해 수신자의 이름, 전송되는 팩스의 매수, 송신자 정보, 팩스의 내용을 간략하게 기록한 표지를 만들어 보내는 것이 일반화되어 있다.

이메일도 마찬가지이다. 이메일도 중요한 메시지인 경우는 송신을 한 후 수신 여부를 확인하는 것이 좋다. 요즘처럼 컴퓨터 파일 형태의 정보교환이 많은 경우 이메일을 이용할 수밖에 없는데, 메시지를 보낸 것으로 모든 것이 끝났다고 안심하고 있으면 꼭 사고가 터진다. 물론 중요도가 낮은 메일이라면 이렇게까지 수신 여부를 체크할 필요는 없다.

그런데 메일을 보낼 때 왜 이런 번거로운 과외절차를 거쳐야 할까? 다양한 이유가 있지만 몇 가지 중요한 것을 꼽아보면 첫째, 많은 기업정보 시스템이 시스템 보안상의 이유로 의심스러운 이메일을 사전에 차단시키고 있기 때문이다. 받는 사람이 많이 지정된 이메일, 광고성의 글이 일부 포함된 이메일, 스팸메일을 많이 보냈던 서버를 거쳐 오는 이메일은 스팸메일로 의심을 받고 수신자에게 닿기도 전에 필터링이 되어 버린다. 당신의 메일이 스팸메일로 분류되면 상대가 그 메일을 확인할 확률은 극히 낮아진다.

둘째, 메시지를 받는 상대의 메일함이 꽉 차 있어서 당신이 보낸 메일이 메일함에 저장되지 못하는 경우가 있기 때문이다.

메일을 통해 전달되는 첨부파일들은 용량이 커서 메일함의 저장 허용치를 금세 넘겨버리기 때문에 메일함 관리가 안 되어 있을 경우 메일 수신에 문제가 생긴다.

셋째, 상대방이 메일함을 자주 확인하지 않기 때문이다. 당신은 보낸 즉시 상대가 메일을 확인해주길 바라겠지만, 그것은 그야말로 바람일 뿐이다.

따라서 이메일을 통해 정보를 전달하는 경우 급한 것은 메일 전송 후 전화로 상대에게 수신 여부를 확인하라. 아니면 상대가 메일을 확인하는 데 최소 하루가 소요될 것을 감안하라.

이메일로 메시지를 전할 때 주의할 것이 한 가지 더 있다. 이메일을 통해 예민한 이야기는 피하는 것이 좋다. 그 이유는 글을 쓸 당시 당신의 분위기를 상대는 파악할 길이 없다. 따라서 별것 아닌 말을 오해하는 경우가 많다. 특히 불만, 불평 등 부정적인 메시지를 전달할 때는 그 의미가 훨씬 더 증폭될 수 있으니 주의해야 한다. 이모티콘을 사용하여 그 문장에 대한 분위기를 표현하는 것이 좋다. 장난스럽게 느껴질 수 있으나 어차피 이메일은 공식적인 문서는 아니므로 형식에 얽매일 필요가 없다.

● 이메일이 빠르게 배달된다고 해서 받는 사람이 당신의 메시지를 빠르게 확인하는 것은 아니다.

| TIP | **통신의 종류**

통신의 특성을 제대로 알고 활용해야 시간 지체와 낭비를 막고 효과적인 정보전달을 할 수 있다. 예를 들면 빠른 피드백을 받아야 하는 메시지를 보내는 데 이메일을 쓴다거나, 직접 만나서 이야기할 사안을 전화로 이야기한다거나 하는 것은 메시지 내용에 대한 오해를 낳고 비효율을 초래한다. 통신의 특성을 이해하지 못하여 이런 실수를 저지르는 예가 비일비재하다. 통신은 동기적인 통신과 비동기적인 통신으로 나누어진다. 동기적인 통신은 수신측과 송신측이 직접 연결이 되어 메시지의 송신과 수신이 실시간으로 이루어지는 통신이다. 즉, 메시지를 보내는 쪽과 받는 쪽이 통신상태에 임해야 메시지를 주고받을 수 있는 방식이다. 대표적인 것이 전화, 대면대화, 회의, 채팅이다. 이 방식은 수신측과 송신측 간의 연결을 전제로 하고 있기 때문에 어느 한쪽이라도 준비되지 않으면 통신이 이루어지지 않는다. 비동기적인 통신은 수신측과 송신측이 통신을 위해 연결될 필요 없이 양쪽이 서로 약속한 곳에 송신측이 메시지를 남겨두면 수신측이 아무 때나 메시지를 가져가서 확인하는 방식이다. 연결을 전제로 하지 않기 때문에 통신의 양측이 연결을 위해 서로 시간을 맞추지 않아도 된다. 대신 메시지의 송신과 수신 간에 시간차가 발생한다는 단점이 있다. 비동기적 통신에서 대표적인 것은 이메일, 우편, 핸드폰의 문자메시지가 있다. 메시지의 송신과 수신 간에 시간차를 줄이기 위해 비동기통신의 경우 메시지 도착에 대한 알람을 설정하는 것이 보통이다. 하지만 알람이 실시간에 가까운 짧은 시간차를 보장해주지는 못한다. 대신 비동기적 통신은 다양하고 많은 정보를 송수신할 수 있다는 장점이 있다. 또한, 1:1은 물론 1:다 송신이 쉽다는 것도 장점이다. 비즈니스에서는 긴급한 의사결정과 피드백을 요하는 통신의 경우 동기적 통신을 활용하고, 다량의 정보와 대량 송수신이 필요한 통신의 경우에는 비동기적 통신을 활용하는 것이 좋다.

* **긴급성** (상대가 메시지를 받는 속도에 따른 순위)

   휴대폰 > 일반전화 > 채팅 > 휴대폰 문자 > 이메일 > 인편(방문), 퀵서비스 > 택배, 속달우편 > 일반우편

* **대량성** (상대에게 정보를 전달할 수 있는 양)

   일반우편, 속달우편, 택배, 인편, 퀵서비스 > 이메일 > 채팅 , 휴대폰 문자 > 일반전화, 휴대폰

사소한 일이라도
책임은 확실하게

당신은 출근 직후 1시간 동안에 어떤 일을 하는가?

입사 후 얼마간은 정말 사소한 일과 사소해 보이는 일이 주로 부여될 것이다. 중소기업의 경우는 직원이 많지 않고 인력 풀이 두텁지 않기 때문에 입사 직후부터 중요한 임무가 배당될 수도 있다. 하지만 일반적으로 입사 초기에는 업무적응 차원에서나 당신의 능력을 테스트해보는 차원에서 사소한 업무들이 주된 일일 것이다. 간혹 이런 사소한 일들이 반복되는 것을 못 이기고 다른 직장에 눈을 돌리는 사람들이 있는데, 당신은 이런 부류가 아니길 바란다.

회사는 사람에 대해서 큰 리스크를 느낀다. 오죽하면 인사가 만사라는 말이 있겠는가? 새로운 직원의 선발에서부터 인사이동, 승진, 연봉조정 등 인사와 관련된 여러 조치들이 회사 전체에 어떤 영향을 미칠지 촉각을 세운다. 따라서 갓 입사한 당신에게 사소한 일만 줄 수밖에 없는 이유는 뻔하다. 아직 당신이 검증되지 않은 것이다. 이것은 업무능력만을 따지는 것이 아니라 조직친화력, 환경적응력, 업무에 대한 태도 등 인성·적성 면에서 회사에 적합한 사람인지 알아내려고 하는 것이다. 새로 온 직원에게 수습기간을 두는 것은 바로 이런 이유 때문이다. 입사 초기에 당신에게 주어지는 일은 아무리 사소해 보여도 충실히 수행해야 한다.

특히, 사소하지만 당신에게 책임이 있는 일은 절대 소홀히 해서는 안 된다. 예를 들면 회의내용을 정리해서 팀원들에게 전달하는 일, 회의 전에 미리 회의장소를 확보하는 일 등은 사소해 보이지만 제대로 되지 않으면 큰 불편을 가져오는 일이고 문제가 생기면 당신에게 책임을 묻게 되는 일이다.

사소한 일들이 비록 중요하더라도 판에 박힌 듯 계속 반복되는 일이라면 지루함을 느낄 수밖에 없다. 이 지루함에 대처할 방법은 없을까? 좋은 방법이 있다. 바로 출근 직후 1시간을 이용하는 것이다.

출근 직후 1시간은 하루 중 일의 의욕이나 활동에 대한 동기가 가장 충만한 시간이다. 동기수준이 올라 있는 상태를 이용해 지루한 일들을 몰아서 재빨리 반복적인 일을 끝내버린다. 그러기 위해서는 먼저 매일 반복적으로 수행해야 하는 업무 리스트부터 만들자. 단, 각 업무는 10~20분 내에 끝낼 수 있는 것이어야 한다. 그 다음에는 리스트에 적힌 활동들을 보고 대략 1시간 동안 처리할 수 있는 리스트로 정리하라. 이것을 '필수업무 리스트'로 정하고 출근 직후 첫 1시간에는 이 업무들을 집중력을 발휘해서 끝내버리도록 한다.

이렇게 하면 얻게 되는 몇 가지 이점이 있다.

첫째, 지루하고 하기 싫은 일을 일찍 끝내두면 뭔가 끝냈다는 후련함 때문에 이후의 업무는 편한 마음으로 임할 수 있다.

둘째, 필수업무에 대한 연기가 발생하지 않아 문제발생 가능성을 줄인다.

셋째, 업무 초기에 많은 일을 끝내두면 성취감이 들고 에너지도 더 생긴다. 그에 따라서 업무 몰입도가 증가한다.

● 회사는 사소한 일을 사소하지 않게 하는 신입사원을 눈여겨본다.

회사는 언제나
당신이 무엇을 하는지 궁금하다

업무시스템이 잘 갖추어진 회사는 사원들에게 주간업무 및 월간업무에 대한 진행사항과 계획들을 제출할 것을 요구한다. 일부 회사는 일지를 요구하기도 한다. 회사는 당신이 지난 기간 동안 무엇을 했는지, 그리고 앞으로 무엇을 할 계획인지 궁금해한다. 그것을 통해 회사는 다음의 2가지를 평가한다.

첫째, 자신의 업무를 거시적이고 중장기 관점에서 바라보고 있는가? 주간업무계획, 월간업무계획을 통해 회사는 사원의 플래닝 감각과 업무를 바라보는 시야를 가늠한다. 업무를 넓게 볼수록 업무를 이해하는 정도가 깊어지고, 다가올 주요업무들에 대한 준비를 할 수 있기 때문이다. 급하게 닥쳐 허둥대다가 업무를 그르치기보다는 미리 준비해서 업무를 완성도 있게 잘 끝내는 사원에게 회사는 높은 점수를 줄 수밖에 없다. 또한 이를 통해 회사의 전반적인 움직임에 얼마나 잘 편승하여 업무를 수행하는지 평가하기도 한다.

둘째, 자신의 업무를 정기적으로 피드백하고 있는가? 피드백을 통해 자신의 업무수행을 돌아보고, 다음 계획에 반영하는지 가늠해볼 수 있다. 계획한 사항과 진행사항이 비슷하고 목표한 성과도 꾸준히 달성하고 있다면 예측력과 실행력이 좋은 것이다. 그러면 회사는 이후에 당신이 내놓은 계획을 신뢰하게 된다.

신입사원이라면 일지와 주간업무계획을 세우는 것부터 시작해보자. 처음에는 잘 지켜지지도 않고 익숙하지도 않지만, 그런 플래닝 습관이 많은 것을 가르쳐줄 것이다. 상사가 요구하지 않더라도 해보기 바란다. 회사는 당신에게 관심이 많다. 특히 당신의 일정계획 속에 업무는 어떻게 자리잡고 있고 수행되고 있는지 관심이 많다.

● 신입사원 때 주간업무계획이나 월간업무계획을 요구하지 않는다고 이를 소홀히 하지 마라. 어떤 일이든 익숙지 않은 상태에서 갑자기 하려면 더 당황스럽다.

건강도 자기관리 능력이다

경력사원으로 입사한 지 3개월이 된 P씨는 오늘도 몸이 무겁다. 요 며칠간 제안서 작성 때문에 야근을 했던 것이 몸에 무리를 주었던 모양이다. P씨는 건강 때문에 이전 직장을 그만둔 후 1년간 요양을 했다. 그러고 나서 현재의 직장에 들어온 것이다. 이전 직장에서 2년 가까이 있었음에도 불구하고 요양의 공백 때문에 현재 직장에서는 경력을 1년만 인정받았다.

면접 때 자신의 건강상태를 우려하던 K부장의 모습이 자꾸 마음에 걸린다. 그래서 입사한 이후 건강하고 활기 있는 모습을 보이려고 노력해왔다. 하지만 조금만 무리하면 몸에 전해지는 이상신호를 무시할 수가 없다. 며칠 전에도 조퇴를 한 터라 오늘은 비록 몸은 무겁지만 내색을 하기 어려울 것 같다.

몸이 아프지만 아픈 내색을 하기 어려운 P씨의 처지가 안타

깝다. 아마도 당신은 '일하는 기계도 아니고 아픈 것에 회사가 왜 예민하게 반응하고 왜 내가 그 눈치를 보아야 하느냐?' 라는 생각이 들지도 모르겠다. 당신은 회사에 들어온 지 얼마 되지 않았다. 아직 실력과 능력이 검증되지 않은 것이다. 그런데 당신이 자주 아픈 모습을 보이면 회사는 불안해할 수밖에 없다. 당신이 아파 결근하면 당장 업무공백이 생기고, 누군가가 그 일을 대신 해야 할 수도 있다. 동료가 당신의 일을 대신 해주었다고 해서 당신이 그 동료에게 급여를 더 줄 것이 아니지 않는가? 자주 아픈 모습을 보이는 당신을 두고 회사는 '자기관리가 잘 안 되는 게 아닐까?', 혹은 '업무상 재해문제가 발생하는 것은 아닐까?' 라고 우려한다.

체질적으로 잔병이 많은 사람이 있지만, 평소에 관리하기에 따라 그 주기를 줄일 수 있다. 평소에 건강관리를 하라. 꾸준한 운동, 규칙적인 식사, 충분한 수면을 통해 늘 건강한 상태를 유지해라. 안 그래도 회사생활에서 오는 스트레스는 학교에서 편하게 공부하던 때에 비해 느껴지는 강도부터 다르다. 원래 건강한 체질을 가진 사람들도 과중한 업무로 건강을 잃을 판이다. 건강한 모습을 통해 당신이 일에 열정적으로 임하고 있음을 보여라.

● 대기업에서 입사 결정 후 신입사원들을 대상으로 왜 건강검진을 실시한다고 생각하는가?

휴가는 타이밍이 중요하다

휴가는 당신이 마음대로 쓸 수 있고 아무 때나 쓸 수 있다고 생각하는가? 그럴 수 있는 직장에 있다면 직장생활에서 얻을 수 있는 몇 안 되는 복 중에 하나를 누리고 있는 것이다. 휴가는 회사 입장에서는 당신에게 그냥 주는 돈 같은 것이다. 일을 더 생산성 있게 해달라는 일종의 위로포상이다. 그래서 유급휴가라는 말로 강조하는 것이다. 어쩌면 당신은 휴가에 대한 포상은 직접 받는 휴가비만 생각하겠지만, 휴가 자체가 포상이다. 다른 직원들도 모두 받고 있고 직접 돈으로 주어지지 않기 때문에 포상으로 느껴지지 않을 뿐이다.

회사는 휴가를 주는 자체를 이미 포상으로 생각하고 있는데, 휴가 사용으로 인해 당신이 조직에 부담을 주거나 동료들의 업무에 지장을 준다면 달갑게 여기지 않을 것이다. 오해하지 말

라. 휴가를 쓰지 말라는 것이 아니다. 회사가 준 포상을 포기하라는 것도 아니다. 단지 휴가기간을 잡을 때 몇 가지 사항을 고려하라는 말을 하고 싶은 것이다.

당신이 휴가기간을 어떻게 잡는지 상사와 회사는 유심히 본다. 회사는 당신이 다음과 같은 기간에 휴가를 잡는 것을 불편해한다.

첫째, 연휴 다음날이나 월요일에 휴가를 내는 것. 월요일은 그 주의 업무가 시작되는 날이자 휴일 후 첫날이어서 업무가 많고 회의도 많이 계획되는 날이다. 연휴 다음날도 마찬가지로 연휴로 인해 조직의 여러 프로세스가 멈추었다가 재개되는 날이라 분주하기는 마찬가지다. 이때 회사에 나오지 않겠다는 것은 팀과 조직 전체 상황에 관심이 없음을 나타내는 것이다. 피치 못할 상황이 아니라면 연휴 다음날과 월요일에 휴가를 내는 것은 신중히 결정하라.

둘째, 습관적으로 샌드위치 데이에 휴가를 내는 것. 징검다리 휴일을 연휴처럼 쉬고 싶은 마음은 직장인이라면 누구라도 같을 것이다. 요즘은 회사도 그 정도의 심리는 이해하여 샌드위치 데이에 휴가를 내는 것을 특별히 지적하지 않는다. 하지만 항상 샌드위치 데이에 휴가를 내고 있다면 관심 있게 보기 시작할 것이다.

셋째, 팀 전체는 바쁜 상황인데 자신의 업무가 적다고 휴가를 내는 것. 팀 단위로 업무를 진행하다 보면 맡은 임무가 끝나서 당신만 업무가 적거나 없는 경우가 있다. 그래서 업무도 적고 남은 휴가도 있고 해서 휴가를 낼 생각을 하게 된다. 당신의 책임을 다했으므로 당연히 휴가를 갈 권리는 있다. 하지만 조직 분위기, 팀 분위기를 중시하는 우리나라 직장환경에서는 그런 때 휴가를 갈 것인지 고민해봐야 한다.

휴가에 대해서는 다음과 같이 대처하자.

먼저 휴가 관행을 체크하라. 여름휴가는 어떻게 기간이 결정되는지, 월차에 대한 암묵적인 관행이 있는지, 샌드위치 데이 휴가, 연휴 다음날 휴가에 대한 회사의 인식은 어떤지를 직장 선배들에게 물어보라.

둘째, 가급적 팀 과업이 마무리되거나 당신이 자리를 비워도 문제가 없을 때 휴가를 내도록 한다. 일이 산더미 같은데 휴가를 간다면 좋아할 상사도 없고 일이 많은 상태에서 휴가를 가는 당신의 마음도 가볍지 않을 것이다.

셋째, 자리를 비워도 급한 문제는 처리될 수 있도록 인수인계를 해둔다. 당신의 업무를 당신만큼 잘 아는 사람은 없다. 따라서 갑자기 문제가 생길 수 있는 부분을 미리 체크하여 옆 동료나 선배에게 알려두고 떠나자. 휴가지에서 업무 때문에 연신 전화기를 붙잡고 있는 모습은 같이 휴가를 떠난 가족도 불편하게 만든다. 따라서 필요한 자료를 찾기 쉽게 정리해두고,

예상되는 문제에 대해 처리방법을 간단히 문서로 작성해서 휴가기간 동안 당신의 자리를 대신해줄 동료나 선배에게 주어라.

넷째 '업무적응시간'은 휴가기간에 포함되어 있음을 명심하라. 당신은 휴가복귀 후 다시 업무에 적응하는 데 시간이 필요하고, 회사는 당연히 그런 시간을 인정할 것이라 생각할 것이다. 하지만 회사는 그렇게 생각하지 않는다. 업무에 빨리 몰입하는 모습을 보이는 것이 좋다. 회사는 시간에 대한 환전감각이 뛰어나다는 사실을 잊지 마라.

● 긴 휴가를 다녀온 후 그동안 자리를 지켜준 동료들에게 고마움의 표시로 음료수를 돌리는 정도의 센스를 발휘하는 것은 휴가 후 업무적응에 도움이 된다.

상사의 성공은 곧 나의 성공

　일의 우선순위를 정하고 그 일을 마무리하는 감각은 시간관리의 핵심 중 핵심이다. 수많은 시간관리 서적이 각기 다른 시간관리 체계와 주장을 담고 있지만, 이 2가지를 빼놓은 것은 거의 없다. 그래서 시간관리에 대해 조금이라도 지식을 갖고 있는 사람이라면 이 2가지가 시간관리에 필수요소임을 알고 있다. 『하버드 비즈니스 리뷰』에서 조사한 연구에서도 의미 있는 결과를 보여주었는데, 주요기업에 근무하는 400명 임원을 대상으로 '회사 유망 부서에 어떤 기질을 가진 사람을 배치하겠습니까?' 라는 질문에 응답자 84%가 우선순위를 정하고 그 일을 마무리하는 감각을 중요한 2가지 기질로 꼽았다. 그만큼 우선순위를 정하는 능력은 비즈니스에 있어서 필수적으로 요구되는 능력임에 틀림없다. 그런데 문제는 바로 우선순위를 결정하는 기준이 모호하여 활동순위를 제대로 정하지 못한다는 것이다. 우선순위를 결정하기 위해서는 중요성에 대한 가치기준이 필요한데, 개인적인 가치에만 초점을 두는 경향이 있다. 개인적으로 중시하는 가치를 무시하자는 것이 아니라 상황(Context)에 따라 가치기준이 변할 수 있다는 것을 받아들여야 한다는 것이다. 당신이 회사업무중이라면 그 시간 동안 결정되는 우선순위의 기준은 개인적인 것이 아닌 회사가 중시하는 가치에 초점을 맞추어야 한다. 회사에 초점을 맞추어 우선순위를 정하는 것은 어떻게 하는 것일까? 간단하다. 상사의 프로젝트와 업무가 성공할 수 있도록 당신의 우선순위를 조정하면 된다. 회사는 당신의 임무를 상사를 통해 부여한다. 즉, 성공적으로 임무를 완수할 수 있도록 상사에게 완수할 과업과 당신을 부릴 수 있는 권한을 주고 있는 것이다. 따라서 상사의 과업이 성공해야 당신의 평가도 좋아진다. 물론 과업의 성패는 상사가 책임지겠지만, 그 부하인 당신도 그 책임에서 자유롭지 못하다. 회사에서 바람직한 공생관계는, 부하직원은 상사를 스타로 만들고 상사는 부하직원을 최고의 인재로 키우는 것이다. 그것을 위해 상사에게 충분한 정보와 정확한 피드백을 제공하라. 그래서 상사가 정확한 의사결정을 할 수 있도록 도와라.

● 우선순위는 자원관리 역량에서 핵심 능력이다.

상사와 함께하는 시간을 늘려라

유능하고 리더십이 뛰어난 상사 밑에서 일하고 있다면 당신은 행운아다. 하지만 그 상사와 함께하는 시간이 적다면 행운이 당신을 비켜가고 있다고 생각해도 좋다.

유능한 상사는 어떤 사람일까? 개인적인 능력이 뛰어난 것을 유능함의 기준으로 생각했다면 그 인식을 바꾸기 바란다. 유능한 상사는 최고의 팀 실적을 올리는 관리자다. 최고의 팀 실적을 올리기 위해 그는 80:20법칙을 다양한 곳에 적용하고 있을 것이다.

부하직원과 보내는 시간도 마찬가지다. 성과가 좋고 실적이 좋은 부하직원과 더 많은 시간을 보내려고 한다. 왜냐하면 그러는 편이 팀 성과를 올리는 데 더 유리하기 때문이다.

상사가 기대하는 능력기준을 당신이 충족시키고 있고, 상사가 당신을 신뢰하고 있는지 다음 몇 가지 사항을 통해 체크해 보라.

- 당신과 자주 시간을 보내는가?
- 업무에 대한 당신과의 아이디어 공유를 즐기는가?
- 당신과의 시간을 위해 상사가 다른 일정계획을 조정하는가?
- 당신의 건의를 잘 수용해주고 조치해주는가?
- 당신에게 권한이 있는 일을 위임할 때 상사가 주저함이 없는가?
- 당신과 함께할 때마다 상사가 의욕적인 에너지를 발산하는가?

위 질문에 대부분 긍정적인 대답을 할 수 있다면 상사는 당신의 업무능력 및 성과, 업무태도에 만족하고 있다고 봐도 좋다.

한 가지 주의할 것이 있다. 준비 없이 가서 상사의 시간을 빼앗는 일이 없도록 하라. 그런 일이 반복되면 상사가 당신에게 할당했던 시간을 점점 줄일 것이다.

● 점유율을 높이는 것은 좋지만, 독점하려고 들지 마라. 동료들의 견제에 부딪힐 수 있다.

퇴근 전에 반드시 책상을 정리하라

퇴근 이후 책상 정리 상태는 그 사람의 정돈습관을 말해준다. 정돈습관을 가진 사람은 다음날 상쾌한 기분으로 업무를 시작할 수 있는 사람이다. 책상이 정돈되어 있으니 업무에 빨리 집중할 수 있다. 반면 출근을 하고 첫 대면을 하는 책상이 온갖 서류더미와 책자들로 어지럽다면 산만한 분위기로 일과를 시작하는 셈이 된다. 당연히 업무집중에 시간이 더 들 수밖에 없다. 업무를 하는 중에 책상이 어지럽혀지는 것은 피할 수 없다. 하지만 어지럽혀진 책상으로 일과가 시작되는 것은 막는 게 좋다. 회사는 정돈된 당신의 책상을 통해 당신이 얼마나 업무에 집중할 수 있는 환경을 만들고 있는지 눈여겨본다. 책상과 일하는 환경을 정비하는 모습을 통해 업무정리 습관을 보기 때문이다. 회사는 정리습관과 함께 당신의 책상을 통해 또 한 가지 보고자

하는 것이 있다. 그것은 당신이 회사의 정보와 기밀을 얼마나 소중히 다루는가이다. 회사의 기밀문서가 눈에 잘 띄는 곳에 있거나, 회사의 각종 서류들이 분류되지도 못한 채 어지럽게 놓여 있다면 회사는 당신의 정보관리 습관을 의심하게 된다. 만약 기밀문서가 쉽게 발견되는 곳에 방치되어 있다면 이는 당신에게 매우 치명적인 일이다. 많은 사람들이 자신이 자주 다루는 사안과 정보들을 익숙하다는 이유로 사소하게 여기는 경향이 있다. 따라서 업무정보를 소홀히 다루곤 하는데, 회사 입장에서는 그런 정보 하나하나가 기밀일 수 있다. 특히 기획서나 제안서 초안들은 중요성이 높은 정보이기 때문에 관리에 신경 써야 한다.

필자가 다녔던 직장에서 한번은 이런 일이 있었다. 회사 자원을 아끼는 차원에서 문서출력 시에 이면지를 활용하고 있었는데 회의자료로 배포된 문서 중 일부가 기획서 초안을 이면지로 한 문서였다. 사장이 그것을 발견하고 크게 화를 낸 것은 물론, 해당 직원과 팀은 징계를 받았다. 비록 그 기획서는 시일이 지난 것이었지만, 회사 내부에 대한 정보를 담고 있었기 때문에 유출을 피해야 하는 문서였던 것이다. 이런 문서는 이면지로 쓸 것이 아니라 파기를 했어야 한다.

● 공용 프린터 사용시에도 주의하자. 중요한 정보를 프린터에 남겨둔 채 퇴근하는 경우가 있다.

책상을 '무법 지대'로 만드는 심리

『정리 잘하는 법』(쓰보사카 타쓰야, 더난)를 보면 책상을 '무법 지대'로 만드는 우리의 심리를 잘 꼬집어 지적하고 있다.

– 자기 주변에 있는 것은 다 자기 것이라고 착각한다.

– 가까운 곳에 서류가 없으면 안심하고 일할 수 없다.

– 서류 작업이 끝나지 않아 주변에 있는 것들이 모두 필요하다고 생각한다.

– 혼자서 완성한 조사 자료나 문서를 회사의 공유 재산이라고 보지 않는다.

– 자주 쓰는 자료를 필요할 때마다 자리에서 일어나서 가지러 가기가 귀찮다.

이런 책상은 어떨까?

서류도 별로 없고 책 몇 권만 꽂혀 있는 깨끗한 책상을 어떻게 생각하는가? 깔끔해 보일지는 몰라도 자리 주인이 그 자리에서 실제로 일하는 시간이 적다는 것을 말해준다. 책상에서 많은 시간을 보낸다는 것은 많은 일이 그 자리에서 이루어지고 있는 것으로, 필연적으로 온갖 서류와 종이더미, 메모지, 책, 필기구 등이 책상을 장식하고 있기 마련이다. 그런 것이 보이지 않는다면 그 자리의 활용도는 낮다고 봐도 된다. 자리 활용도를 알아볼 수 있는 또 하나의 팁은 개인적인 물건이 놓여 있는지 여부를 보면 된다. 가족사진이나 개인 기념물들을 눈에 잘 띄는 곳에 두고 있는지 살펴보는 것이다.

3장

승진의 조건,
디테일을 놓지 마라

고참사원(경력 3년 이상)이 되면 회사가 기대하는 것은 자동적으로 많아지게 되어 있다. 신입사원으로 입사해서, 그야말로 밥값을 하기 시작하는 때를 3년차부터라고 보고 있기 때문이다. 처음 1년 동안은 업무 적응으로, 2년차에는 특정업무 포지셔닝으로 보내지만 3년차가 되면 과업에 대한 아웃라인을 어느 정도 파악하고 조직과 팀에 대한 이해도 아주 높아져 있는 시기이다. '회사는 당신의 실질적인 공헌을 노골적으로 바란다.' 일례로 고참사원쯤 되면 업무부하나 자신의 능력에 대해 파악이 끝난 상태로, 업무량을 조절하여 시간을 만들어낼 수도 있다. 이 시기의 시간관리는 이제 개인 차원에서 팀 차원으로 범위가 확대된다. 이제 슬슬 중간관리자로 발전할 준비를 해야만 한다는 뜻이다.

큰일을 맡길지는 사소한 일로 결정한다

사원에게 주어지는 업무에는 비공식적인 단계가 있다. 처음 입사하면 아주 사소한 업무부터 주어진다. 현재 한 IT기업의 이사로 재직하고 있는 지인의 사례를 통해 어떻게 업무가 주어지기 시작하는지 알아보자.

그분이 신입사원으로 입사하고 처음 6개월 동안은 문서 복사만 했다고 한다. 처음에는 하루, 이틀이면 끝날 줄 알았던 일이 한 주, 두 주가 넘어가자 슬슬 일은 지루해지고 회사 다니는 재미도 없어졌다. 그런데 어찌된 일인지 복사할 문서는 점점 늘어나서 퇴근시간 내에 복사를 못 끝내는 날도 많아졌다. 그래서 어떻게 하면 복사를 효율적으로 할 수 있을까 고민을 했다. A4용지에 프린트된 문서를 복사하는 것은 비교적 쉬웠지만, 책을 복사하는 경우는 일일이 손으로 넘겨야 했기 때문에 시간이 많이 걸렸다. 그래서 고민 끝에 얻은 결론은 발까지 이용해야겠다는 생각이 들어 '복사 시작' 발판을 자비로 구매해서 설치했다. 발판을 누르면서 복사를 걸고 손으로는 복사된 문서를 정리하고 책장을 넘기는 등 거의 온몸을 써가며 복사를 했다. 6개월쯤 하니까 어떤 종이가 기계에 잘 걸리는지, 토너의 수명은 어느 정도 되는지, 복사기 청소는 어떻게 하는지 등 복사에 대한 노하우는 물론 복사기 관리에 대한 지식도 쌓게 되어 간단한 보수까지 가능할 수준이 되었다고 한다.

정말 6개월 동안 복사를 했는지 확인할 수는 없지만, 단순한 업무를 효율적으로 수행할 방법을 찾아 수행속도를 올림으로써 바라는 시간 내에 결과를 보여주었음은 분명했다. 복사를 통해 얻게 된 또 하나의 장점은 어떤 팀이 어떤 일을 하는지 파악하게 되었고, 주로 다루어지는 업무문서들이 무엇인지 알게 되었다는 점이었다. 복사를 통해 업무태도를 검증받은 이후 본격적으로 프로젝트에 참여할 기회가 생겼고, 본래 하고 싶어했던 업무에 투입되기 시작했다고 한다.

앞의 사례처럼 처음 당신에게 주어지는 업무는 단순하고 사소한 일이다. 하지만 일이 쉽다고 해서 얕잡아보지 마라. 일을 해내는 것은 관심 밖이다. 사소한 임무 부여는 당신이 얼마나 빨리 수행해서 결과를 보여주는지 알아내는 것이 목적이다. 만약 여기에서 상사가 기대하는 속도를 맞추지 못하면 계속 사소한 임무만 주어진다. 이렇게 되면 중요한 일, 책임과 권한이 부여되는 일은 한동안 당신 몫이 아니다.

사소한 일의 1차 테스트가 끝나면 두 번째 단계로 들어간다. 즉, 문제를 해결하는 임무가 부여되는 것이다. 그 일을 통해 문제를 분석하는 능력, 문제에 따른 전략을 세우는 능력, 어려움에 대처하는 능력, 스트레스를 극복하는 능력, 다른 사람의 도움과 협조를 구하는 능력 등 문제해결에 어떻게 대처하는지 다각도로 평가한다. 여기서 훌륭한 모습을 보이면 드디어 책임과 권한이 부여된 굵직한 업무를 맡게 된다. 고참사원인 당신은 이 단계에 들어 있어야 한다.

결국, 회사가 당신에게 끊임없이 발견하고 싶은 것은 '큰 책임을 감당할 능력'인 것이다. 따라서 당신은 큰 책임을 맡길 수 있다는 인상을 회사에 주어야 한다. 방법은 간단하다. 업무나 상황을 지금 당신의 위치보다 높은 수준으로 바라보고 수행을 위한 계획을 세우고 관리할 수 있는 모습을 보이는 것이다.

● 상사는 문제해결 능력이 좋은 부하직원과 오랫동안 같이 가고 싶어한다.

업무수행 중 문제를 발견했을 때

고참사원쯤 되면 문제만 달랑 들고 가는 것은 지양해야 한다. 당신이 생각하는 해결책을 같이 들고 들어가야 한다. 잘못된 것을 찾고 지적하는 것은 누구나 할 수 있다. 문제를 지적하는 것만 할 줄 알아서는 관리자가 될 수 없다. 팀장이나 관리자는 문제를 해결하는 사람이 되어야 하기 때문이다. 해결방법을 제시하는 것은 쉽지 않지만 훈련하기 나름이다. 문제해결 능력은 어느 나라, 어느 기관에서나 직무기초능력 중에서 핵심역량으로 꼽고 있다는 사실에 주목하라.

고참사원이라면 업무 전체를 조망하는 능력은 필수

   고참사원이라면 시키는 일만 기계적으로 하는 단계는 넘어서야 한다. 아이디어를 더하거나 전략을 더하거나 뭔가 하나 더 생각해낼 수 있고 가치를 부가할 수 있는 능력을 요한다. 그래서 고참사원에게는 단순한 업무보다는 굵직한 업무들이 주어지게 된다. 즉, 과업 수준의 업무가 당신에게 맡겨지는데 처음부터 책임이 큰 임무가 맡겨지지 않지만, 계획부터 실행까지 모든 과정을 밟아야 하는 수준의 일이 맡겨진다.

   과업 수준의 임무는 단순작업의 차원을 넘어선다. 먼저 수행을 위한 긴 시간이 주어지고, 당신의 책임 하에 관리할 수 있는 자원이 할당된다. 할당되는 자원은 회사의 물적자원은 물론 인적자원까지 포함한다. 따라서 성공적인 과업수행을 위해 시간과 회사자원을 어떻게 활용할 것인지 치밀한 계획을 세워야 하고, 그 계획에 따라 진행상황을 관리하면서 과업목표에 다가가야 한다. 신입사원시절부터 당신이 플래닝 감각을 키워두었다면 빨리 적응할 수 있을 것이다.

과업의 수행능력을 통해 회사는 당신의 활동예측 감각과 우선순위를 결정하는 능력, 일을 마무리하는 책임감까지 입체적으로 평가한다. 이를 통해 예비관리자로서 자질이 있는지 여부를 평가받게 되는 것이다. 회사가 관리자에게 주어지는 업무는 과업 형태의 일이 대부분이기 때문이다. 그것을 감당할 능력이 있음을 증명하면 관리자로의 승진이 가까이 와 있는 셈이다.

간혹 조직이 큰 경우 당신이 고참사원이라 할지라도 아직 과업 수준의 일을 맡지 못하고 있을 수 있다. 조급할 필요 없다. 지금은 시키는 일만 수행하는 상황일지라도 당신이 하는 일이 전체 과업에 어떤 부분을 형성하고 있고 영향을 미치는지 큰 그림 속에서 업무를 해석하는 훈련을 하고 있으면 과업 수준의 일이 주어지더라도 빨리 적응할 수 있다. '내일 당장 과업이 맡겨졌을 때 내가 그것을 해낼 수 있을까?' 생각하는 습관을 갖고 있으면 전체적 시야를 갖는 데 도움이 된다.

● 이 일 다음에는 어떤 일이 진행될지 고려하는 연계감각을 갖고 있으면 현재의 사소한 일도 도전적인 과제가 될 수 있다.

멀티태스킹은 기본 중의 기본

사회의 변화속도는 점점 빨라지고 있다. 변화속도의 증가는 활동수행과 정보처리에 있어서도 속도를 증가시킬 것을 요구한다. 사회와 회사가 요구하는 속도에 따라가지 못하면 불안감을 느낄 수밖에 없고, 더 나아가 수많은 일 속에서 통제력을 발휘하지 못하여 좌절모드에 빠지는 경우도 생긴다. 더욱이 자본주의 체제는 '경쟁'을 부추기고 옹호하고 있지 않은가. 경쟁이 의식되어 동료와 상사의 움직임과 말 하나하나에도 신경이 쓰이는 것이 현실이다.

2008년 4월 9일 취업포털 커리어가 직장인 746명을 대상으로 한 조사에서 88.7%가 '한꺼번에 여러 가지 일을 동시에 처리하고 있다'고 답했다. 또한 2007년 5월 21일 취업·인사포털 인크루트와 리서치 전문기관 엠브레인에서 직장인 2,026명을 대상으로 한 조사에서는 직장인의 절반 가량(48.3%)은 자신 스스로를 여러 일을 동시에 처리하는 데 능숙하다고 여기고 있었다. 이미 직장 업무 환경은 멀티태스킹을 요구하는 환경이 된 셈이다. 하지만 많은 사람들은 멀티태스킹에 대해 정확하게 이해하지 못하고 있다. 멀티태스킹 방식은 크게 둘로 나누어지는데, 병행(concurrent)과 병렬(parallel)이 바로 그것이다. 병행과 병렬은 비슷한 듯 보이지만 근본적인 차이가 있다. 병행은 여러 작업이 동시에 진행되는 것을 의미하지만, 같은 시간에 나란히 진행됨을 의미하지는 않는다. 따라서 병행은 여러 작업이 수행될 때 각 작업이 번갈아 가며 수행되는 것도 동시에 진행되는 것으로 본다. 반면, 병렬은 그야말로 같은 시간에 나란히 2개 이상의 작업이 진행되는 것을 의미한다. 많은 사람들이 이 개념상의 차이를 이해하지 못하고 혼용하여 쓰고 있다. 그래서 멀티태스킹에 대해 많은 오해와 환상이 존재하는 것이다.

대개 멀티태스킹 하면 병렬을 생각하는 경우가 많다. 병렬은 인지심리학상으로나 생물학적으로나 비효율적이다. 우리가 추구할 수 있는 진정한 멀티태스킹은 병행이다. 즉, 동시에 여러 가지 일을 한꺼번에 산만하게 수행하는 것이 아니라 여러 개의 과업을 동시에 진행하되 각 과업의 세부작업들을 한 번에 한 가지씩 번갈아 수행하는 것이다. 당신이 멀티태스킹을 하고자 한다면 병렬의 방식으로 실행전략을 세워야 한다.

당신이 실천할 수 있는 구체적인 멀티태스킹 기법들을 몇 가지 소개하겠다. 첫 번째 방법은 신경 많이 쓰는 일과 신경 덜 쓰는 일을 묶는다. 즉, 의식을 사용하는 일과 의식을 많이 사용하지 않는 일을 묶어 동시에 하는 것이다. 예를 들면 문서출력을 하면서 급한 메일을 처리한다거나, 운전중에 고객과의 상담내용을 정리해본다거나, 다른 사람의 일처리를 기다리는 동안 업무와 관련한 문서를 읽어보는 식으로 주의력 자원을 적절히 분배해서 몇 가지 일을 동시에 하는 것이다. 두 번째 방법은 자주 하는 일을 자동화하는 것이다. 주의를 집중해야 하는 일 중에서도 반복해서 익숙해지면 주의집중을 덜 하고도 같은 결과를 낼 수 있는 일들이 있다. 특히 사고작용을 필요로 하지 않고 몸동작을 위주로 하는 일은 반복할수록 익숙해지는데, 그에 따라 필요한 주의력도 점점 줄어든다. 「생활의 달인」이라는 TV 프로에 나오는 달인들의 모습을 보면 동작 하나하나에 즈의를 기울이지 않지만 빠르게 일을 처리하고, 심지어는 다른 일까지 동시에 하곤 한다. 따라서 자주 수행하는 업무라면 그 수행방법을 최적화시켜 몸에 익혀두도록 한다. 업무활동 중에 주의력 자원을 적게 쓰면서 처리할 수 있는 업무를 많이 만들어두면 업무처리 능력도 올라가고 시간도 벌 수 있다. 세 번째 방법은 비슷한 일을 묶어 처리하는 것이다. 은행을 가면 출납을 맡아 처리하는 행원들 중에서 고객 한 사람이 아닌 두 명 이상의 고객

요청을 동시에 처리하는 행원들을 간혹 목격한다. 대체로 이런 사람들이 있는 창구들이 처리가 빠른 편이다. 물론 이것도 사고가 나지 않도록 잘 처리할 수 있으려면 처음에는 엄청난 주의를 기울여야 하겠지만, 익숙해지면 2배 이상의 능률을 올릴 수 있다. 네 번째 방법은 기기나 도구에 위임을 하는 것이다. 위임은 꼭 사람에게만 하는 것은 아니다. 기기를 통해서도 할 수 있다. 자신이 직접 할 업무를 기기에 맡길 수 있으면 2가지 이상의 업무를 동시에 처리할 수 있다. 필자는 컴퓨터 프로그래밍 능력이 있어서 자주 반복하는 컴퓨터 작업은 프로그래밍을 통해 자동화하곤 한다. 컴퓨터에게 처리를 맡겨두고 다른 작업을 함으로써 생산성을 2배 이상 올리는 것이다. 대신 컴퓨터에게는 아주 꼼꼼한 작업지시를 해주어야 한다. 다섯 번째 방법은 잠재의식에 정보처리를 맡기는 것이다. 의식은 한 번에 한 가지 생각만 담을 수 있지만, 무의식에 속하는 잠재의식은 여러 가지 생각을 한 번에 담을 수 있고 처리도 시킬 수 있다. 우리가 흔히 직관을 통해 아이디어를 얻는 것은 바로 잠재의식의 처리작용에 기인한다. 한 가지 결점은 있다. 자신이 원하는 때에 결과를 얻어낼 수 없다는 것이다. 하지만 보고서나 기획서를 작성해야 하는 것과 같이 창의력이 필요한 작업에서는 꽤 효과가 있다.

● 직급이 올라가면 역할이 많아지고 책임도 많아져 멀티태스킹을 할 수밖에 없다.

직급이 올라갈수록 일을
효율적으로 분배하고 위임하라

어느 정도 회사와 상사에게 능력을 인정받게 되면 크고 작은 여러 가지 임무가 주어진다. 임무 중에는 혼자 할 수 있는 업무도 있지만, 다른 사람과 같이 진행해야 하는 것도 있다. 이런 경우 임무에 따른 세부업무를 나누어보고 일을 적절히 분배해야 한다. 일을 분배할 수 있어야 같이 일하는 동료나 후배 직원과 갈등 없이 원활하게 일을 진행할 수 있다. 자기 혼자 다 할 수 있다고 해서 임무를 혼자 떠안고 있으면 책임을 다하는 적극적인 모습으로 보일지 모르겠지만, 이는 비효율적으로 업무를 처리하는 것이다.

업무처리 속도가 빠르고 능력이 있는 사원일수록 이런 함정에 잘 빠진다. 같이 임무를 맡은 사람과 업무를 수행하는 속도가 달라 답답함을 느끼기 때문이다. 과업이나 임무가 주어질 경우 개인 차원에서 해결할 수 있는 일이 아니라면 일을 분배하고 적절히 위임해야 한다. 분명 팀을 이루어 수행하도록 부여된 임무가 당신 손을 벗어나지 못하면서 완수도 못하고 있다면 상사는 답답함을 느낄 것이다. 만약 다른 사람이 해야 할 몫까지 당신이 직접 한다면 시간이 과도하게 투자하고 있는 것임을 명심하라.

할 수 없는 일을 과도하게 약속하는 것은 피하라. 일을 맡기는 상사가 실무자인 당신보다 일의 난이도를 모르는 경우가 있다. 이렇게 정보불충분의 상황에서 맡겨지는 일은 신중하게 수락해야 한다. 위에서는 이미 알고 있을 것이라는 막연한 믿음에 기대지 말고 '할 수 없다'고 판단되면 상사에게 어필해야 한다. 간혹 심한 경우 상사가 불가능한 일을 맡기고 충분히 가능하다고 생각하는 경우도 있다. 권위에 눌려 억지로 일을 떠안지 말고 왜 불가능한지 상사에게 충분히 설명해야 한다. 무조건 '불가능하다'는 입장만 고수하는 것도 지양해야 한다. 불가능의 이유가 당신의 부정적인 태도 때문이라고 오해할 수 있기 때문이다. 따라서 불가능한 이유와 함께 가능하기 위해 어떤 것이 필요한지도 같이 제시하여 상사가 제대로 판단할 수 있도록 정보를 주는 것이 중요하다.

● 남에게 쉽게 위임할 수 있을 것이라 가정하여 많은 일을 약속하는 것은 지양하라.

당신에게만 너무 몰리고 있다면

- 당신의 상황을 상사에게 정확하게 알리고 업무를 조정받아라.
- 효율성이 낮은 업무를 위임하거나 삭제하라.
- 자신의 업무를 다른 사람에게 위임할 수 있도록 업무분담에 대해 상사와 상의하라.
- 절대 임의로 업무를 누락시키거나 결과의 수준을 임의로 낮추지 마라.

업무를 재조정하는 능력

당신이 맡은 직무가 불규칙하고 인터럽트가 빈번한 특성을 갖고 있을지도 모른다. 이런 경우 미리 계획해둔 활동목록(to do list)이 무용지물이 되는 경우가 허다하다. 그래서 일부 사람들은 활동목록의 무용론을 펼치기도 하는데, 너무 비관적으로 생각할 필요는 없다. 활동목록은 작성 자체만으로도 의미가 있기 때문이다. 왜냐하면 하루 업무의 윤곽을 그려볼 수 있기 때문이다.

미리 세운 활동계획이 무의미할 정도로 인터럽트가 빈번한 상황에서 업무들을 어떻게 조정해야 할까? 직급이 올라가고 맡은 임무가 많아질수록 갑작스럽게 생기는 이벤트의 발생확률이 높아진다. 회사도 이것을 알고 고참사원쯤 되면 인터럽트 상황을 어떻게 통제하고 기존 업무들을 어떻게 재조정하는지 관심 있게 보기 시작한다.

수시로 발생하는 인터럽트에 대해서는 회사의 관점에 따라 업무 우선순위를 다시 평가하여 활동계획을 수정해야 한다. 도저히 스스로 우선순위 조정이 어렵다고 판단되면 상사에게 순위를 정해줄 것을 요청한다. 인터럽트 때문에 수행하지 못하게 된 업무들을 재조정이 필요하다.

업무를 재조정하는 방법은 거절, 축소, 위임 3가지가 있는데 그중에서 거절은 가장 효과적인 활동 재조정 방법으로 알려져 있다. 이 거절에도 미학이 있다. 우선 원하지 않아 거절한다는 인상을 주어서는 안 된다. 갑자기 부여된 업무가 당신의 흥미를 자극하는 것도 있지만 아닌 것도 있다. 이때 당신의 관심을 끌지 못하는 업무라고 해서 싫은 기색을 보이며 거절을 하면 득이 되는 일만 하는 기회주의자로 비칠 수 있다.

업무를 재조정하는 또 다른 방법은 업무의 범위를 축소해보는 것이다. 업무완수의 기준을 필요 이상 높게 잡았다고 생각되면 완수기준을 낮추는 것이다. 또한 중요하지 않지만 관행적으로 해오던 일이 있는지 살펴보고 그런 활동의 수행주기를 조정하여 횟수를 줄이는 것도 축소의 한 방법이다.

마지막으로, 거절하고 축소를 해도 업무들이 모두 재조정이 되지 않으면 위임을 생각해보아야 한다. 물론 위임은 시간을 벌기 위해서만 필요한 것은 아니다. 자신이 해결할 수 없는 문제에 대해 외부의 도움이 필요한 경우에도 위임을 해야 한다. 상사의 경우 부하직원의 능력을 개발하는 방법으로 위임을 이용할 수 있다. 위임은 다른 재조정 기법들과 달리 자신이 책임져야 하는 활동을 다른 사람에게 넘기는 것이기 때문에 나 혼자 결정했다고 해서 위임이 쉽게 이루어지는 것이 아니다. 적절한 커뮤니케이션을 통해 상대를 설득하는 것이 반드시 필요하다. 그래서 재조정 방법 중에 가장 어렵다. 성공적인 위임을 하려면 우선 상대방이 업무위임에 대해 반감을 가지고 있는지 살펴야 한다. 그리고 위임의 기본원칙에 따라 위임하도록 한다. 위임을 잘하려면 다음의 원칙을 지키도록 한다.

첫째, 책임범위를 명확히 구분해주고 그것을 감독해야 한다. 책임범위가 불분명하면 업무의 경계가 모호해져서 위임을 받은 쪽에서 범위가 넘는 일을 하게 되어 에너지와 시간을 낭비하게 된다. 혹은 범위에 모자라게 수행하여 당신의 기대에 미치지 못한 결과를 가져올 수도 있다.

둘째, 책임에 걸맞는 권한도 같이 부여해주어야 한다. 대체로 많은 상사들이 책임은 부여하면서 권한을 주지 않는 경우가 많은데, 이것은 그 일을 수행할 동력을 잃게 하는 것이다. 또한 권한은 주지 않으면서 책임만 물으려 한다면 다음부터는 일을 위임받기를 꺼릴 것이다.

셋째, 필요에 따라 위임한 업무를 조정해주어야 한다. 위임전에 위임을 받을 사람의 능력과 태도를 고려하겠지만, 여러 문제들로 인해 업무를 해내지 못할 상황이 발생할 수 있다. 그 전에 수시로 진행상황을 체크하여 업무를 조정해주어라.

넷째, 충분한 정보를 적시에 제공하라. '알아서 하겠지', '나도 처음에는 맨땅에 헤딩해가면서 했어' 라고 받치한다면 위임받은 사람의 동기를 떨어뜨리고 좌절감을 주게 된다. 충분한 정보를 제공하지 못해서 좋지 않은 결과가 나오거나 업무를 완수하지 못하게 되면 결국 그에 대한 책임은 위임한 사람이 져야 한다.

다섯째, 진행과정과 결과를 통제해야 한다. 위임한 사람을 믿고 맡기는 것이 기본적인 태도이긴 하지만 규칙적으로 진행과정을 점검하는 것이 필요하다. 진행과정을 점검하면 최종단계에서 문제가 발생할 위험을 줄일 수 있고, 제대로 된 방향으로 업무가 나아갈 수 있도록 지도할 수 있다.

여섯째, 칭찬으로 동기부여하면서 건설적인 비판도 병행하라. 무조건 칭찬만 하고 잘못된 것을 덮어둔다면 실제 그 업무를 하고 있는 사람은 자신이 제대로 진행하고 있다고만 생각하여 잘못된 방향으로 가고 있어도 바로잡지 못한다. 위임에 대해서는 4장에서도 다루고 있으니 같이 참고하기 바란다.

● 업무를 재조정하는 능력은 우선순위를 빠르게 결정하는 능력을 바탕으로 한다.

업무 재조정에 대한 조사결과

대학생과 직장인 206명을 대상으로 한 자체 설문조사에서 대학생과 직장인 간에 업무 재조정에 대한 시각 차가 있음이 나타났다. '회사나 조직 입장에서 계획한 활동을 재조정하는 능력을 어떻게 생각할까?' 라는 질문에 '필수적이다' 라고 답변한 대학생은 56%였던 반면, 직장인들은 72%가 '필수적이다' 라고 응답했다. 이런 결과는 대학생들이 활동의 재조정을 시간관리 전략으로 보지 못하고 있고 변화무쌍한 업무환경을 이해하지 못하여 생긴 결과로 보인다.

이럴 때 위임을 생각해야 한다.
- 항상 다른 동료직원들보다 더 오래 일하고 있다.
- 내 일을 끝내지 못하고 하루를 넘기는 일이 잦아졌다.
- 매일 해야 할 일이 너무 많다고 느낀다.
- 일이 누적되는 것 때문에 휴가나 교육을 가기 두렵다.
- 다른 사람에게 일을 맡기라는 충고를 종종 듣는다.

플래너로 업무 효율을 높여라

많은 회사에서 플래너 기능이 있는 수첩을 직원들에게 나누어 주고 있다. 요즘은 대학생들까지도 플래너를 통해 자신의 시간과 생활을 관리하고 있다.

앞서 플래너를 쓰면 좋은 이유로 고객에게 공식적인 기록도구를 사용하는 모습을 보임으로써 신뢰를 줄 수 있기 때문이라고 했다. 하지만 플래너를 써야 하는 궁극적인 이유가 있다. 회사는 당신이 플래너를 쓰는 모습에서 업무를 효율적으로 정리하고 업무 관련 지식과 정보를 효과적으로 잘 관리할 것이라고 기대한다. 실제로 그것을 능력으로 보여주었을 때 당신에 대한 회사의 신뢰는 더욱 높아진다. 필자도 업무시에 플래너의 덕을 많이 보는 편이다. 예를 들어 문서발송이나 전화미팅 같은 사소한 내용도 플래너에 기록해둔다. 간혹 전화미팅에 이야기된 사항에 문제가 발생하는 경우 플래너를 확인하여 상대에게 전화내용을 이야기하면 상대가 발뺌하지 못하고 수긍한다. 기록의 힘은 바로 이런 것이다. 상대도 기록을 꼼꼼히 하는 스타일이면 대치되는 현안에 대해 오해 없이 깔끔하게 해결된다. 당신의 상사가 어떤 지시를 내렸다면 플래너에 기록을 해보라. 그리고 그 지시를 수행한 다음 수행결과를 간단히 메모해두면 나중에 상사가 수행결과를 확인할 때 자세하게 보고할 수 있다. 이에 상사는 만족해할 것이다. 또한 사소한 임무도 꼼꼼하게 하는 모습에 신뢰를 갖게 되면 다음엔 더 중요한 임무도 믿고 맡길 것이다. 일반적인 노트형 수첩보다 플래너가 좋은 이유는 높은 파인더빌리티(검색 용이성) 때문이다. 즉, 플래너의 체계에 맞게 기록하면 정보를 쉽고 빠르게 찾을 수 있다. 그리고 기록의 일관성이 확보되어 관련 정보들을 묶어 관리할 수 있게 된다. 기록매체의 생명은 빠르게 원하는 정보를 찾을 수 있는가 여부에 달려 있다. 아무리 기록을 많이 하고 꼼꼼히 하더라도 필요한 정보를 쉽게 찾을 수 없다면 비효율적인 것은 마찬가지다. 체계 없이 쌓아둔 서류더미와 다를 게 없다. 플래너를 쓸 때도 일관성과 찾기 효율을 올릴 수 있도록 유념해야 한다. 필요한 업무 관련 정보가 손끝에서 찾아질 수 있도록 만들어라.

● 너무 많은 기록매체를 이용하는 것은 오히려 부산해 보인다.

| TIP | **플래너를 잘 쓰는 요령**

첫째, 잘 쓰려면 플래닝 시스템에 대한 이해부터 해야 한다.

플래너는 플래닝을 도와주는 도구이므로 계획을 세우고 실행하는 체계에 대한 이해가 필수적이다. 즉, 계획을 세우고 그에 따른 세부계획과 실행전략을 정한 후 우선순위에 따라 실행하여 그 결과를 두고 피드백하는 체계를 알아야 한다. 또한 플래너를 통해 플래닝 습관을 몸에 익히겠다는 결심도 필요하다.

둘째, 기록의 습관을 들이자.

플래너를 쓴다는 것은 기록습관을 전제로 한다. 사소한 것이라도 메모하고 기록하는 습관을 갖도록 한다. 그러기 위해서는 수시로 메모를 할 수 있는 환경을 만들어야 하는데, 늘 펜과 메모지를 꺼내기 쉬운 곳에 두어 꺼낼 때 번거롭지 않게 해두는 것이 필요하다.

셋째, 매일의 활동목록을 작성하는 연습을 하라.

흔히 To do list라고 하는데, 그날 하려고 하는 활동들을 정리한 리스트이다. 활동을 기록해두면 3가지의 효과를 얻을 수 있다. 해야 할 활동을 계속 리마인드할 필요가 없어지므로 쓸데없는 정신적 에너지 소모를 줄일 수 있다. 또한, 활동누수를 줄인다. 즉, 잊어버려서 하지 않고 넘기는 활동을 줄일 수 있다는 것이다. 마지막으로 유사한 활동을 묶거나 쓸데없는 활동은 삭제할 수 있는 실행전략을 세울 수 있다. 활동목록을 작성해서 활동을 하는 사람들의 경험담에 의하면 목록을 작성하고 나서는 일처리 속도가 더 빨라지고 성과가 더 나아졌다고 한다.

넷째, 자신의 활동과 업무에 맞는 사용 룰을 정하라.

시간관리 서적에서 제안하는 방법들은 너무 일반적이고 평범한 상황을 가정했거나, 혹은 특정 상황에만 맞는 방식을 제시하곤 한다. 하지만 사람들은 각자 개성이 다르고 하는 일도 다르다. 그렇게 때문에 나에게 100%로 맞는 플래너 사용법이란 것이 있을 수 없다. 자신에게 맞는 방법을 스스로 찾아나가야 한다. 처음에는 서적이나 남들이 제시해주는 방법을 시도하되 점점 자신에게 맞는 방식으로 바꾸어나가는 것이 필요하다.

상사에게 묻는 것을 두려워하지 마라

　직장에서의 업무는 팀 단위로 이루어지는 경우가 많다. 따라서 한 사람의 업무 결과가 다른 사람의 업무에 영향을 주는 경우가 비일비재하다. 여러 사람이 연루되는 프로젝트에서는 막바지에 갈수록 업무의 긴장도도 높아지고 높은 집중력을 요구한다. 이런 상황에서 특정한 사람의 잘못된 업무수행은 다른 사람의 업무에 치명적인 영향을 주기도 한다.

　기본적으로 임무를 제대로 수행하기 위한 첫 단추는 상사의 업무지시를 정확하게 확인하는 것이다. 상사가 어떤 지시를 내렸는데 제대로 이해하지도 못했으면서 재차 묻는 것이 두려워 그냥 넘어가면 그 일을 잘못 수행할 가능성을 키운다. 잘못 수행하면 그 업무를 다시 해야 하고, 이전까지 투입된 시간은 그대로 낭비된 시간이 된다. 그 업무 외에도 해야 할 업무도 많은

데 하나 일로 2배의 시간을 쓴다면 시간 면에서나 집중력 면에서나 엄청난 손실이다.

왜 묻는 것을 두려워할까? 첫 번째 이유는 자신의 이해능력이 과소평가될 것이 두려운 것이다. 중요한 것은 이해능력이 아니라 수행능력임을 명심하라.

두 번째 이유는 어딘가 길이 준비되어 있을 것이란 막연한 믿음 때문이다. 미심쩍은 부분이 있지만 넘어가는 것은 이미 누군가 그 일에 대한 지식이나 정보가 있을 것으로 기대하기 때문이다. 당신에게 내려진 지시가 이미 수행된 적이 없을 가능성이 크고, 설령 누군가 그 일에 대해 잘 알고 있다 하더라도 쉽게 그에게 정보를 얻을 수 있을 것으로 기대하지 말라. 정보공유는 누구나 잘해주는 일이 아니기 때문이다.

제대로 이해하지 못한 것이 있거나, 불명확한 것이 있으면 즉시 확인해야 한다. 반드시 확인할 사항은 마감기한, 완료기준, 업무대상이다. 상사에게 묻는 것을 두려워하지 마라. 제대로 수행하지 못해서 떨어지는 불호령이 더 두렵지 아니한가?

● 수행기간이 긴 업무를 수행중일 때 중간중간 상사가 확인하지 않는 것에 안심하지 마라. 그 일이 잘못되면 되돌아와야 할 시간이 너무 길다.

자신만의 창의적 역량을 믿어라

업무역량을 평가할 때 창의성을 중요한 요소로 생각하는 이유를 아는가? 당신이 하는 일이 기획을 하거나 디자인을 하거나 상품을 고안하는 일이 아님에도 불구하고 회사는 창의성을 강조하고 당신이 창의적인 인재가 되도록 유도하고 있다. 창의성을 당신의 업무와 동떨어진 것으로 치부하고 있다면 회사의 인재가 되기는 어렵다.

창의성이 있는 인재는 아무도 요구하지 않지만, 직무결과를 향상시키거나 예상되는 문제를 피하기 위해 업무절차를 개선하려는 시도를 한다. 따라서 업무에 창의성을 발휘하는 사람들은 직무에서 요구하는 것보다 더 많은 일을 해낸다. 지루한 업무를 못 참고 뭔가 새로운 방법을 시도하는 사람들이 바로 이런 부류이다. 이 때문에 회사가 창의성을 강조하는 것이다. 또한, 창의성이 있는 인재는 해당 직무에서 새로운 기회를 창출하기도 하므로 회사는 이런 사람들에 주목한다.

창의성은 업무프로세스를 최적화하는 데도 발현된다. 눈을 크게 뜨고 다시 한 번 당신의 업무들을 바라보라. 자신의 업무를 잘 분석해보면 일정한 패턴을 발견할 수 있을 것이다. 즉, 일상적으로 진행되는 업무와 새롭게 발생하는 업무들이 구분될 것이다. 당신의 업무가 일상적으로 반복되는 업구가 주라면 그것을 최적화하기 위한 시도를 해보라. 주위에 업구를 빠르게 처리하는 동료나 선배가 있으면 그들의 업무노하우를 배우는 것도 좋다.

『좋은 기업을 넘어 위대한 기업으로』의 저자 짐 콜린스는 '창의적인 사람과 그렇지 못한 사람이 따로 있는 것이 아니다. 사람은 누구나 창의성을 발휘할 능력이 있다. 천성적으로 창의성이 결여된 사람은 없다'고 말했다.

당신도 얼마든지 당신의 업무에 창의성을 발휘할 수 있고, 그 능력을 다른 직원들에게 펼쳐보일 수 있다. 자신을 얕잡아 보지 마라.

● 창의성은 문제해결 능력에도 영향을 미친다.

경영학의 생산관리 분야에서는 생산공정의 성격에 따라 공정을 line process, intermittent process로 나누고 있는데 이 아이디어를 업무수행에 적용하면 도움이 된다.

line process는 단일 상품을 만드는 공정으로, 시간적으로나 비용적으로나 가장 효율적인 프로세스를 잡는 것이 초점이다. 업무에 적용해보면 매일 하는 업무가 거의 변화 없이 반복적인 경우가 여기에 해당한다. 이 경우에는 그 일을 가장 **빠**르게 해낼 수 있는 노하우를 연구하거나 자동적으로 처리할 수 있는 방법을 찾는 것이 좋다. 예를 들어 아주 많은 데이터를 분류하는 작업을 주된 업무로 하고 있다고 가정해보자. 일반적인 방법은 컴퓨터 모니터 상에서 데이터를 하나하나 확인해가며 작업을 하는 것이라고 한다면 효율적인 방법은 데이터를 1,000개씩 출력해놓고 종이상에서 분류기호를 매겨 구분해놓은 후 컴퓨터에서 일괄적으로 작업하는 방법이 될 것이다. 더 효율적인 작업을 원한다면 이 작업을 자동으로 해주는 프로그램을 구하여 이것을 이용해 작업을 하는 것이다.

intermittent process는 공정이 비슷한 여러 종류의 상품을 생산하는 방식이다. line process처럼 공정을 최적화하는 것이 어렵다. 중간 공정이 비슷한 것이 있을 뿐이다. 구성하는 공정단계는 비슷하지만, 구체적인 작업은 다른 경우를 생각하면 된다. 대표적인 것이 프로젝트이다. 이 경우에도 효율적으로 작업할 수 있는 방법이 있다.

먼저 비슷한 유형의 일을 묶어 처리하는 것이다. 이것을 일종의 일괄처리, 혹은 배치(batch)처리라고 한다. 예를 들면 다른 프로젝트이지만 문서작업, 자료조사, 외부미팅과 같이 유형이 비슷한 업무들이 있다. 이들을 몰아서 처리하는 것이다.

사적인 일로 바쁜 티를 내지 마라

직장을 다니는 중에 결혼을 하거나 출산을 하는 경우가 있다. 인간사에 있어서 가장 중요한 이벤트인 결혼과 출산을 축하해주지 않는 회사는 없다. 일부 회사는 결혼과 출산준비를 잘할 수 있게끔 업무시간을 개인적으로 사용할 수 있도록 배려해주기도 한다. 하지만 모든 회사가 그것을 용인하는 것은 아니니 주의하도록 한다.

당신이 사적인 일로 바쁜 티를 내는 모습을 회사는 당신이 업무에 집중하지 못하는 것으로 생각한다. 더 나아가 당신의 들뜬 분위기가 팀의 업무 집중력을 해치지 않을까 우려한다. 아무리 일생에 한 번밖에 없는 경사라고 해도 양해해줄 수 있는 데에 한계는 있는 법이다.

특히 아이를 낳고 난 직후 직장여성들은 육아 때문에 신경을 많이 쓰게 된다. 업무를 하면서 한편으로는 다른 사람에게 맡긴 아이를 걱정하는 것이다. 아이가 다치지 않았는지, 밥은 잘 먹는지 걱정하고, 아침에 콜록거리던 모습이 마음에 걸린다. 회사는 그런 집중력의 분산을 감지하고 생산성에 영향을 미치는 위험요소로 본다. 따라서 직장에서는 개인의 생활보다 업무에 집중하고 있음을 보여 회사를 안심시켜야 한다.

● 동시에 2가지 일을 잘 해낸다는 말을 회사는 잘 믿지 않는다.

노하우를 체계화해서 공유하라

    업무를 수행하다 보면 각종 노하우를 얻게 된다. 고참사원쯤 되면 이런 노하우를 정리해서 공유할 정도가 되어야 한다. 아주 사소한 업무도 관련 정보가 없으면 많은 시간을 써야 하기 때문에 당신이 업무수행 중에 얻은 지식을 공유하면 다른 직원들이 시행착오를 겪는 시간을 줄일 수 있어 팀 전체적으로 시간을 절약할 수 있다.

    신입사원으로 입사하면 품의서, 외부공문을 작성하는 일도 만만치 않다. 양식은 어딘가에서 구한다 하더라도 실제로 내용을 작성하려면 작성 형식과 문구를 어떻게 해야 할지 난감하다. 그렇다고 일일이 문서작성 때마다 선배의 도움을 구할 수도 없는 노릇이다. 이런 경우를 위해 결제가 끝난 품의서나 각종 기안들의 사본을 만들어 한 곳에 철을 해두면 다른 직원들에게 상당한 도움이 된다.

특히 프로젝트 진행시 공통적으로 작성되는 문서들(예를 들면 제안서, 계약서, 외부공문, 협조전, 중간보고서, 최종보고서 등)을 바인더를 하나 정해 정리해두면 훌륭한 지식모음이 된다. 그리고 정리된 순서가 프로젝트의 흐름을 보여주기 때문에 다음 프로젝트 때는 미리미리 관련 업무를 준비할 수 있게 해주는 장점도 있다.

이 외에도 업무와 관련한 각종 노하우를 정리하여 팀원들과 공유하도록 한다. 그렇게 되면 노하우를 많이 공개하는 당신은 문제해결사로 많은 직원들의 주목을 받게 될 것이다. 노하우 공유는 바로 조직의 새로운 업무습관을 만드는 첫 출발점이 된다.

● 책에서 알려주지 않은 업무 관련 노하우가 참 많다.

비슷한 업무들이 불규칙적으로 발생할 때는 버퍼링 기법을 이용하라.

업무중에는 비슷한 업무가 불규칙적으로 발생하는 경우가 있다. 대표적인 것이 메일인데, 누구나 흔히 접하는 불규칙적 이벤트이다. 불규칙적으로 발생하는 일을 생기기를 기다렸다가 그때마다 하나씩 처리하는 것은 비효율적이다. 이럴 때 쓸 수 있는 시간절약 기법이 있다. 버퍼링(buffering)이란 방법인데 컴퓨터 소프트웨어 개발시 종종 활용되는 버퍼링 기술을 응용한 것이다. 방법은 간단하다. 비슷한 류의 일을 일정량만큼 모은 후 한꺼번에 일괄처리하는 것이다.

그럼 얼마만큼 일을 모아야 하는가? 여기에 2가지 기법이 있다. 첫 번째 기법은 시간 버퍼링 기법으로 일정 시간 동안은 일이 들어와도 바로 처리하지 않고 모으기만 한다. 정한 시간이 지나면 그 동안 들어온 일을 일괄처리한다. 또 다른 기법은 시간을 정하는 것이 아니라 일의 양을 정하는 것이다(업무량 버퍼링). 예를 들어 일괄처리할 일의 양을 10개라고 정하였으면 10개의 일이 들어올 때까지는 처리하지 않고 모아두었다가 10개의 일이 채워지면 그때 실행에 들어가는 것이다.

인간관계가 평판을 좌우한다

당신이 느끼는 회사는 어떤 것인가?

회사가 만드는 물건인가? 아니면 회사의 건물인가? 아니면 TV나 잡지에서 본 회사의 광고 이미지인가?

당신이 실제로 느끼고 접하는 회사는 당신과 부대끼는 사람들과 일하는 공간으로 결정된다. 이 2가지에 대한 인식이 당신의 회사인식을 좌우하는 것이다. 물론 당신이 맡은 업무도 회사를 느끼는 요소이기는 하지만, 이것은 다른 기업에 가더라도 경험할 수 있는 것이다.

그렇다면 부대끼는 사람들과 일하는 공간 중에서는 어떤 것이 중요성이 높을까? 단연 부대끼는 사람들이다. 회사를 떠나는 이유를 분석한 국내외조사를 보면 이직의 가장 주된 이유로 선택된 것은 바로 인간관계 문제였다. 당신과 함께하는 사람들, 즉 상사나 동료들과의 관계가 회사생활을 결정하는 것이다. 이는 단지 회사 근무하고 있을 때만 영향을 미치는 것이 아니라 퇴사 이후에도 영향을 미친다.

1998년 미국의 SHRM이라는 인사관리 기관이 조사한 결과를 보면 약 80% 이상의 기업이 평판 조회를 실시하고 있는 것으로 나타났고, 2007년 초 취업 전문회사인 인크루트의 조사결과를 보면 약 57% 기업이 평판 조회를 시행하고 있으며, 이 중 95% 기업은 조회 결과를 실제 채용 의사결정에 적극 반영하고 있는 것으로 나타났다.

이처럼 평판조회에 주목하는 이유는 기업들이 이력서의 화려한 이력을 더 이상 신뢰하지 않기 때문이다. 이력과 경력도 중요하지만 조직원으로서 필요한 품성을 갖추었는지도 까다롭게 보기 시작했음을 의미한다. 결국 이직에 있어서 이전 직장에서의 평판에 자유로울 수 없는 시대가 된 것이다.

따라서 평소 상사, 동료들과의 원활한 관계는 이후 당신의 경력을 위해 필요한 투자일 수 있다. 상사, 동료들과의 관계증진을 위해 쓰는 시간을 아까워하지 마라.

● 관계를 위해 쓰는 시간은 중요하지만, 업무시간 중 과도한 사교활동은 시간낭비이다.

경력이 많을수록
자기계발에 투자하라

　회사는 당신에게 기대하는 것이 참 많다. 능력 있는 사원, 믿을 수 있는 사원은 기본이고 항상 자기계발을 꾸준히 하는 성실한 사원을 원한다. 자기계발은 미래를 위한 현재의 시간투자이다. 사원급에서는 이전에 배운 지식만으로도 능력을 발휘할 수 있지만, 직급이 올라갈수록 요구되는 능력이 많아지고 책임도 커진다. 사원 시절에는 시키는 일만 충실히 해도 되었지만, 경력이 많아지면 스스로 아이디어를 내고 리더십을 발휘해야 하는 일이 주어진다. 따라서 프레젠테이션, 제안서 작성, 어학 등 자신의 가치를 높이는 활동에 시간과 돈을 투자하라. 또한, 트렌드 기술을 익히고 거시적인 안목을 키우는 것도 필요하다. 왜냐하면 아는 것이 많을수록 옳은 것을 선택할 가능성이 커지기 때문이다. 인크루트는 2007년 2월 14일, 기업체 인사담당자들과의 인터뷰를 통해 인사담당자들이 입사지원자들을 평가하는 5가지 사항을 발표했다. 그 5가지 사항은 아래와 같았다.

- 이윤창출에 기여하는 인재인가?
- 비전을 가지고 있는가?
- 조직 내에서 원만한 관계를 형성할 수 있는가?
- 책임감과 주인의식은 있는가?
- 가르치는 데 비용이 많이 드는가?

특히 두 번째 항목은 자기계발의 의지와 연결하여 해석하고 있었는데, 비전과 목표를 가진 인재가 자기계발 의지도 강하다고 평가하고 있었다. 자기계발에 대한 기업의 시각은 바로 이 것이다. 자신의 비전에 대한 투자와 그 의지를 보고 있는 것이다. 자기계발은 자신을 발전시키는 개인적 차원의 일일 수 있으나, 회사는 그 뒤에 숨겨진 의미까지 보려고 한다. 자기계발을 소홀히 하지 말아야 할 또 다른 이유가 여기에 있는 것이다. 또한 당신의 연봉이 올라갈수록 당신에 대한 회사의 기대도 커지기 마련이다. 그 기대에 부응하기 위해서는 미리 시간과 노력을 투자해야 하지 않을까?

● 현재 능력에 만족하는 직원에 회사도 미래를 보장해주지 않는다.

1. 이윤창출에 기여하는 인재인가

기업의 첫째 목표는 이윤창출이다. 이 때문에 기업은 이윤을 가져올 수 있는 성과를 낼 수 있는 사람을 가장 우선순위에 두기 마련이다. 따라서 자신이 업무에 필요한 기본적인 지식을 토대로 수익, 아이디어, 가치 등 어떤 형태로든 성과를 만들어낼 수 있는 사람이란 점을 적극 어필해야 한다. 구체적인 예와 함께 자신이 주도적으로 성과를 이루어냈던 과정을 보여주면 효과적이다.

2. 비전을 가지고 있는가

비전이 없는 구직자는 결국 목표가 없는 사람으로 비친다. 목표가 없는 사람은 현실에 안주하고 수동적인 사람으로 느껴진다. 결국 기업에 대한 기여도가 낮은 사람으로 여겨지게 되는 것. 인사담당자는 자신에 대해 객관적인 분석과 평가를 바탕으로 5년 뒤, 10년 뒤의 자신의 모습에 대해 뚜렷한 목표를 가지고 있는지, 또 기업 내에서 스스로의 비전을 어떻게 설정하고 있는지를 중요하게 본다. 이런 인재는 자기계발 의지도 강해 회사발전의 밑거름이 된다고 생각한다.

3. 조직 내에서 원만한 관계를 형성할 수 있는가

기업은 하나의 조직사회다. 기업마다 조금씩 다르겠지만, 다른 사람과 협력하고 관계를 원만히 유지하지 못하면 기업에 유 · 무형의 피해를 미치게 되기도 한다. 특히 요즘엔 신입사원의 개인주의적 성향을 지적하는 인사담당자가 많다. 따라서 여러 인성 중 대인관계가 어떠했는지 유심히 살펴본다. 인 · 적성검사에서 보고자 하는 주요한 인성 중 하나도 이런 조직 내 관계와 감정통제 능력일 것이다. 따라서 갈등을 원만히 해결했던 사례, 조직 내에서 받았던 스트레스를 긍정적으로 해소했던 사례 등을 들면 더 좋을 것이다.

4. 책임감과 주인의식은 있는가

평생직장 개념이 사라졌고 예전에 비해 이 · 전직이 활발해졌다고는 하지만, 기업은 책임감을 가지고 오래 일할 수 있는 구직자를 선호한다. 자신의 일에 책임을 지고 실수를 하더라도 떳떳이 받아들이는 사람은 같은 실수를 반복하지 않는다. 또, 회사에 대한 주인의식도 중요한 잣대다. 조금만 개인의 이해관계와 어긋나면 그만둬버리는 경향이 최근 늘고 있다. 지난해 인크루트 조사에 따르면 신입사원

조기퇴사율이 30%에 육박할 정도. 어디에서든 주인의식을 가지고 솔선수범하는 인재는 동서고금을 막론하고 높이 평가된다.

5. 가르치는 데 비용이 많이 드는가

기업은 기본적으로 현장에서 바로 일할 수 있는 준비된 인재를 선호한다. 기업이 신입사원을 뽑았는데 컴퓨터 사용법부터 가르쳐야 한다면 시간과 비용 낭비를 생각지 않을 수 없게 된다. 이 때문에 입사지원서를 통해 보유한 기술과 자격증을 우대하거나 가산점을 주는 것이다. 따라서 구직자는 지원하는 기업과 직무에 대해 기본적인 지식과 이해를 갖추고 있다는 점을 강조하는 것이 좋다. 업계나 시장에 대한 이해 및 견해를 겸손하고 소신 있게 보여준다면 금상첨화이다.

(출처 : EBN 2007년 2월 14일자 뉴스. 송남석 기자)

스케줄링의 기본 원리를 이해하라

학교에서 배우지 않는 수많은 지식 중에는 '시간관리'도 포함되어 있다. 물론 요즘 청소년들은 가정/기술 과목에서 시간관리를 배우기는 한다. 하지만 시험을 위한 내용만 강조되다 보니 정작 자신의 생활에 변화를 미치는 데 결정적 영향을 미치는 내용은 강조되지 못한다. 즉, 배우기는 하되 실효성이 낮다는 것이다. 이러한 현실 때문에 아직도 많은 사람들이 일정 짜는 일을 어려워한다. 그 사람들 중에 당신이나, 혹은 당신의 후배가 속해 있다면 다음의 내용을 통해 스케줄링의 기본 원리를 이해하고 적용해보길 바란다. 스케줄링의 원리는 매우 간단하다.

첫째, 할 일의 목록을 작성한다.

특정한 목적을 달성하기 위해 필요한 활동들을 뽑아내는 것이 제일 먼저 할 일이다. 처음에는 모든 상황을 고려할 수 없으므로 완벽한 목록을 얻어낼 수는 없지만, 최대한 머리를 짜내어 필요한 활동들을 정리해본다.

둘째, 목록의 활동을 분류한다.

목록상의 활동을 분류해야 한다. 기준은 간단하다. 당신이 해야 할 일과 하지 않아도 되는 일을 분류하는 것이다. 후자의 일들은 할 필요가 없거나 다른 사람이 할 수 있는 일인데, 이것부터 덜어내야 우선순위를 결정할 수 있다.

셋째, 해야 할 일로 분류된 활동에 우선순위를 결정한다.

자신이 정한 중요성의 기준에 따라 해야 할 활동들에 우선순위를 부여한다. 이때 80:20법칙을 적용하면 좋다. 즉, 높은 성과를 가져올 일에 더 많은 시간자원을 투자하고, 낮은 성과의 일들은 제거하거나 위임하도록 한다.

넷째, 실행전략을 세운다.

우선순위를 정했으면 이를 언제 할 것인지 활동들을 일일일정, 주간일정상에 배치한다. 자신의 집중력이 높은 시간대를 알면 여기에 중요한 일을 배치하면 좋다.

아주 간단한 원리이지만 습관화되지 않으면 잘 실천되지 않는다. 하지만 몸에 배어 있으면 체계적으로 시간을 쓰고 있다는 느낌을 받고 성과 또한 높을 것이다.

● 반드시 실행결과를 체크하고 피드백하라. 피드백이 있어야 잘못된 계획을 바로잡을 수 있다.

| TIP | **할 일 목록작성에 대한 조사결과**

할 일 목록(to do list)의 작성도 회사 경력에 따라 필요성을 인식하는 정도가 다르게 나타났다. 대학생과 직장인 206명을 대상으로 한 자체 설문조사에서 '회사나 조직 입장에서 할 일 목록 작성을 어떻게 생각할까?'의 질문에 대학생과 3년 이하 경력의 사원들은 '필수적이다'라고 답변한 비율이 각각 50%였다. 대학생과 직장인 간의 단순비교에서도 대학생은 50%, 직장인은 73%가 '필수적이다'라고 답하여 두 집단 간 의식 차이가 크다는 것을 알 수 있다.

4년 이상 경력을 가진 사원들부터는(4년 이상 경력사원 76%, 관리자 77%, 임원 및 대표 92%) 할 일 목록 작성을 중요하게 여기고 있었다.

새로이 등장한 상사는 변화 신호

　새로운 상사가 왔다. 당신은 무엇을 생각하는가?

　새로운 상사가 왔다는 것은 변화의 신호다. 즉, 당신의 업무 우선순위가 바뀔 수 있다는 것이다. 새로운 상사가 오면 처음에는 괴롭고 힘들다. 그 이유는 기존 상사가 진행하던 프로젝트가 계속되고 있고 새로운 상사는 의욕에 넘쳐 새로운 일을 벌이려 하기 때문이다. 기존 프로젝트는 계속 추진하면서 신규 프로젝트까지 부가되는 셈이니 업무부하가 이전에 비해 2배는 높아진다.

　상사가 바뀐 이상 기존 프로젝트 수행에 높은 우선순위를 유지하고 있어서는 안 된다. 당신의 업무를 평가할 대상이 바뀐 것이므로 그 사람의 기준을 따라야 하는 것이다. 기존 프로젝트를 우선하고 새로운 상사가 추진하는 신규 프로젝트를 소홀히 하는 것은 새로운 상사의 일에 발목을 잡는 것이다. 기존 프로젝트와 신규 프로젝트가 서로 충돌하는 경우나, 너무 일이 많아 마감시간 내에 일을 완수하지 못할 것으로 판단되면 새 상사에게 업무 우선순위를 확인받고 일을 진행하라.

또한, 새 상사가 왔을 때 다음의 함정에 빠지지 않도록 주의해야 한다. 기존의 관행을 고집하는 것이다. 이전 상사의 스타일과 업무관행을 고수하여 새로운 상사와 갈등이 생기면 우호적인 관계를 맺기 힘들 것이다. 따라서 새로운 상사에게는 이전의 관행에 대한 정보는 주되 고수하려는 태도를 보이거나 주장하는 것은 지양해야 한다.

만약 당신의 동료가 상사가 된 경우는 어떻게 할 것인가? 같이 일하던 동료가 당신의 상사가 되었다는 것은 당신의 능력이 상대적으로 저평가받았다는 충격과 어제의 동료를 상사로 모셔야 하는 불편함으로 편한 심정은 아닐 것이다. 상사가 된 그 동료도 편한 마음으로 당신을 대하기는 어려울 것이다. 어제까지 같은 레벨에서 일하다가 갑자기 상하관계로 바뀌었으니 당황스럽기는 서로 마찬가지인 것이다. 이 상황에서 답은 하나다. 새로 들어온 상사처럼 대해야 한다. 동료였다 할지라도 상사로 존중하고 예를 갖추어야 한다. 당신에 대한 평가의 키를 그가 쥐고 있기 때문이다.

동료가 상사가 되면 좋은 점도 있다. 이미 알고 있기 때문에

서로 쉽게 적응할 수 있고, 이전까지의 친분이 원활한 의사소통을 하는 데 윤활유 역할을 해줄 것이기 때문이다. 그리고 동료였기 때문에 당신의 의견과 주장에 더 잘 귀를 기울여줄 것이다. 불편한 마음을 지우고, 당신이 먼저 나서서 동료가 관리자로서 빨리 적응할 수 있도록 도와주어라. 그도 당신이 빨리 승진할 수 있도록 우군이 되어줄 것이다.

● 외부에서 영입된 새로운 상사는 자신의 능력을 빨리 증명하려고 마음이 급하다.

상사에게 할 부탁은
따로 있다

위임은 윗사람이 아랫사람에게만 한다고 생각하는데, 그 반대의 위임도 있다. 이것을 역위임(reverse delegation)이라고 하는데, 부하직원이 상사에게 업무를 위임하는 것이다. 역위임을 할 수 있는 상황은 딱 한 가지이다. 상사의 권한이 필요한 일인 경우이다. 예를 들어 당신이 어떤 프로젝트를 진행하는데 새로운 기술을 배울 필요가 있을 때 교육을 보내주는 것은 상사의 권한이 필요한 일이기 때문에 이런 경우에 역위임을 한다. 또한, 거래하는 고객사로부터 팀장 이상 직급의 프레젠테이션을 요청받은 경우도 마찬가지로 역위임이 필요하다.

이런 것 외에 당신이 그 일을 모르기 때문에, 혹은 어려워서 상사에게 해달라고 하거나 당신의 일이 많으니 상사가 일부 부담해달라는 식의 접근은 역위임에 적절치 않다. 결국 당신의 능력이 떨어진다는 것을 인정하는 것밖에 안 된다. 신입사원 시절에 이런 실수를 많이 한다. 상사나 선배가 친근하게 대해 준다고 해서 당신의 임무를 떠안아줄 것이라 쉽게 생각하는 것이다.

간혹 상사가 위임한 업무를 다시 상사에게 역위임하려고 하는 직원들이 있다. 그 일을 제대로 해낼 자신이 없거나 능력이 부족해서 그런 것일 수도 있다. 하지만 그런 상황에서는 도움을 요청해서 해낼 수 있는 방법을 찾아야지, 위임받은 일의 책임을 다시 상사에게 돌리는 것은 고참직원이 할 처사는 아니다.

역위임이 상황은 딱 한 가지임을 명심해라. 상사의 권위와 권한이 필요한 경우이다.

● 정당한 역위임도 평소 상사와의 관계가 원활해야 할 수 있다.

상사의 잘못된 관행을 답습하지 마라

지금 당신의 상사를 살펴보기 바란다. 당신의 상사가 혹시 아래와 같은 반응 보이거나 태도를 갖고 있지 않은지 살펴보라.

사원은 특별한 재능이 없다고 생각한다.

이런 생각은 사원이 하는 일이 단순하여 누구나 쉽게 할 수 있다는 인식에서 나온다. 그래서 사람은 쉽게 대체가능하다고 생각한다. 이런 상사 밑에서는「생활의 달인」에서와 같은 고성과자가 나올 수 없다. 물론 해당 업무를 잘 수행할 수 있는 방법론적 지식은 창출되지도 공유되지도 못한다.

부하직원을 믿지 못한다.

부하직원은 항상 어디서 요령을 피울까 궁리하는 존재로 생각한다. 그래서 까다롭게 시간과 수행결과를 체크한다.

유일무이한 길이 있고 그것만 익히면 똑같이 성공할 수 있다고 믿는다.

유능한 상사들 중에서 의외로 이런 인식을 가진 사람이 많다. 유일무이한 방법론의 함정에 빠지면 성공하는 길도 유일하고, 자신만 그 길을 알고 있다는 교만함에 빠진다. 직원들의 개성과 자질은 무시한 채 자신이 성공한 길만 강요하고, 그것을 판단지표로 삼는다. 가르침이라는 이름 아래 통제를 강화하는 것이다.

관리는 즉 통제다.

이런 뿌리깊은 인식하에 세세한 것까지 부하직원들을 통제하려고 한다. 목표는 물론 수단, 방법까지도 일일이 간섭하고 통제한다.

결함이 없는 것을 우수한 것으로 본다.

통제 중심의 관리가 갖는 함정은 바로 우수함의 기준이 '해야 할 일을 모두 지키는 것'으로 삼는다는 것이다. 흠이 없다는 것이 탁월함의 증거라면 모범생만 성공할 수 있다는 논리와 다를 게 없다.

장점을 강화하기보다 단점을 교정하려고 한다.

장점보다는 단점을 찾기가 쉬운 편이다. 또한 단점을 지적하고 교정해주면 통제하는 느낌도 강하게 줄 수 있고, 스스로 만족감을 느낀다. 하지만 단점의 교정을 통해 탁월한 성과를 낸

예보다 강점을 강화해서 탁월한 성과를 올린 예가 훨씬 더 많다. 단, 계발이 안 된 능력을 단점으로 착각하지 않아야 한다.

당신의 상사가 이런 모습을 보이고 있다면 당신도 그런 상사가 될 가능성이 매우 높다. 왜냐하면 당신이 경험한 상사의 리더십이기 때문이다. 그래서 관행처럼 당신이 그대로 답습하게 된다. 이젠 당신이 어떤 상사가 될지 생각할 차례다. 다음 장에서 그 비밀을 알려줄 것이다.

● 조직과 팀 시간관리의 핵심은 리더십이다.

4장

팀장, 마지막 3%를 채워라

팀장의 가장 중요한 역할은 일사분란하게 움직이는 팀을 만드는 것이다. 일사불란함이란, 간단히 말하면 팀 차원의 시간관리이다. '회사는 결코 팀원들이 제각각인 상황을 원치 않는다.' 시간관리를 하는 이유는 조직이라고 해서 개인과 크게 다를 것이 없다. 하지만 개인과 조직 사이에는 궁극적으로 다른 점이 있다. 개인 차원이라면 계획을 세우고 실행하며 관리하는 주체가 같기 때문에 의지만 있으면 언제든 실행에 들어갈 수 있다. 하지만 조직의 경우는 좀 다르다. 팀의 시간관리에서 핵심인 일사불란함을 갖추기 위해서는 리더십과 원활한 커뮤니케이션이 필수적이다. 조직의 시간관리는 자원관리적 기법보다는 리더십에 더 초점이 맞추어진다.

실무능력보다 중요한 리더십

사원일 때 회사가 당신에게 기대하는 것은 단순하다. 개인 차원의 업무성과와 회사에 대한 로열티이다. 그러나 팀장이나 관리자로 승진하면 유능함의 기준이 달라진다. 개인 차원의 업무성과와 로열티는 의심의 여지 없는 기본조건이고 팀, 조직 차원의 업무성과가 당신의 유능함을 증명해주는 기준으로 강조된다.

간혹 이런 패러다임의 전환을 눈치채지 못하고 사원일 때보다 조금 더 열심히 하면 된다는 순진한 생각을 하는 사람들이 많다.

K씨는 사원 시절 높은 성과와 능력으로 회사의 신망을 받았다. 상사도 K씨를 자신의 후임자로 여기고, K씨의 관리자 승진을 회사에 추천하였다. 승진 후 K씨는 회사와 상사의 기대에

부응하기 위해 더욱 열심히 일했다. 사원 시절에도 야근을 자주 하는 편이었지만, 승진 이후에는 매일 야근을 하며 일에 몰두했다. 문제는 K씨의 리더십이었다. 자신이 고성과자였기 때문에 부하직원에게도 똑같은 기준과 성과를 요구했던 것이다. 그리고 자신이 성공한 방법을 부하직원에 강요하며 그 방법을 제대로 수행했는지 일일이 체크하기에 이르렀다. 처음엔 그런 대로 따라 주던 부하직원들은 K씨의 리더십에 실망하게 되었고, 생산성도 떨어졌다. 반면 팀 내에서 K씨의 목소리는 커져만 갔다.

그러던 중 K씨가 맡은 프로젝트 중 하나가 마감시간은 다가오는데 진척도가 낮은 상황이 발생하였다. 그러자 급기야 팀원에게 위임했던 일을 직접 떠안고 대신하기 시작했다. 팀원들은 그저 K씨의 눈치를 보다가 퇴근하기 일쑤였고, 그저 문서작성 같은 단순한 업무만 하는 게 고작이었다. 프로젝트 막판에 거의 매일 밤을 새며 작업을 한 끝에 그 프로젝트를 끝낼 수 있었다. 성과를 위해 그토록 동분서주하였음에도 불구하고 연말 팀 간 실적비교에서 K씨의 팀은 하위권에 들어 있었다. 턱없이 낮은 팀 성과를 목격한 K씨는 맥이 풀려버렸다. 얼마나 더 열심히 해야 팀 실적을 올릴 수 있을까 고민하였지만 답이 없었다.

위 사례처럼 사원일 때 탁월한 능력을 보였던 사람이 관리자 위치에서는 능력을 제대로 발휘하지 못하는 경우가 많다. 관리자 위치에서 리더십이 중요한 능력이 된다는 사실을 간과하면 K씨처럼 팀이 해야 할 일을 혼자서 모두 해내려 하고, 관리를 통제하는 것으로 인식하여 팀원에게 일방적인 강요만 한다.

상사가 되면 가장 중요한 것은 팀의 성과다. 즉, 상사의 최대의 미션은 부하직원들의 능력과 자질을 성과로 전환하는 것이다. 회사는 당신의 개인적 업무능력에는 더 이상 관심이 없다. 이를 증명하려고 애쓰는 것은 시간낭비인 셈이다. 오로지 팀의 성과에 집중하고, 그것을 증명하는 데 시간과 에너지를 써야 한다. 그래서 이젠 리더십이 당신의 중요한 업무능력으로 부각된다,

● 당신이 실무적인 일을 전혀 하지 않아도 회사는 뭐라고 하지 않는다. 단, 팀 성과만 좋다면 말이다.

초고속 승진의 함정

승진이 빠르면 많은 사람들이 성공의 속도가 빠르다고 부러워한다. 이명박 대통령처럼 20대에 이사, 30대 CEO로 승진한 신화는 모든 직장인들의 꿈이다. 하지만 초고속 승진의 이면에는 드러나지 않는 함정이 있다.

승진은 직급이 달라지는 것이다. 직급이 달라진다는 것은 책임과 역할이 이전의 위치와 비교해서 판이하게 다르고, 비중도 커짐을 의미한다. 초기 몇 번의 승진에서는 기본적인 능력을 통해 부여된 책임과 임무를 어느 정도 감당할 수 있지만, 그 직급에 완전히 적응하지 못한 채 승진하는 일이 거듭되면 분주함의 관성에 빠져나오지 못하고 만다.

로렌스 피터는 1969년 『피터의 원칙』에서 사람들이 아무런 의문도 없이 무작정 승진만 추구한다면 결국에는 감당할 수 없는 자리에서 헤매게 될 것이라고 경고한 바 있다. 이 경고가 계속 유효한 이유는 많은 기업들이 아직까지도 우수한 성과를 보상하는 최고의 수단으로 승진을 사용하고 있기 때문이다.

『First, Break all the rule』로 유명한 마커스 버킹엄은 그의 책에서 고속 승진의 위험성을 사다리에 비유하고 있다.

'승진이라는 사다리를 높이 오를수록 더 많은 급여와 더 많은 특권, 더 멋진 직책이 주어진다는 것이 지금 우리의 생각이다. 그리고 직원들에게 전하는 모든 신호에도 무조건 앞으로, 위로 나아가라는 메시지가 담겨 있다. (……) 하지만 한 단계씩 나아감에 따라 회사에서 붙인 뜨거운 불이 사다리를 따라 올라오고 있음을 발견하게 된다. 이제 뒤로 물러설 수도 없다.'

뒤로 물러설 수 없는 승진의 사다리에서 당신이 느끼게 될 당혹감은 바로 분주함의 관성이다. 많아진 역할과 책임은 훨씬 더 많은 시간을 요구하기 때문이다. 이를 극복하려면 부하직원의 도움이 절대적이다. 결국 승진할수록 당신의 리더십 능력이 당신을 분주함의 관성에서 벗어나게 하는 열쇠가 된다.

● 당신이 오르고 있는 승진의 사다리는 올라가기만 하는 사다리다.

부하직원의 능력을 키우는 것이
곧 리더의 능력

관리자로 승진하면 새로운 직급과 지위에서도 능력이 있음을 빨리 증명하고 싶은 조바심에 성과를 내려고 서두르는 사람들이 많다. 특히 개인의 높은 성과를 바탕으로 고속 승진한 케이스는 성과에 대한 조급증이 더 강하다. 하지만 조급증과 성과 욕심에 압도되어 부하직원들을 닦달하면 당신에 대한 충성도만 낮아질 뿐이다. 조급해할 필요 없다. 마이클 왓킨스 하버드대 교수에 따르면, 신임 리더가 업무를 파악해 조직에 부가가치를 창출하는 데는 평균 6.2개월이 소요된다고 한다. 회사도 당신이 팀 차원의 성과를 보이는 데 시간이 필요하다는 것을 알고 있다.

관리자의 직책을 얕잡아보지 말아야 한다. 간혹 신임 관리자들이 관리자의 직책에 대해 '이전보다 조금 더 역할이 넓어진

정도'로 쉽게 생각하는 경우가 있다. 이는 '이제까지 내가 아는 것만 가지고도 무엇이든지 해낼 수 있다'는 자신감 때문인데, 관리자라는 직책은 과업에 대한 책임뿐만 아니라 부하직원들에 대한 책임까지도 포함하고 있다는 사실을 알아야 한다. 개인 차원의 능력 발휘는 출중할지 몰라도 부하직원의 능력을 이끌어내는 것은 또 다른 차원의 능력인 것이다.

승진을 하여 팀을 맡게 되었으면 회사에서 요구하지도 않은 기대치를 달성하려고 무리하지 말고, 팀을 파악하고 새로운 역할에 적응하는 것부터 하자. 일단 승진을 하면 회사는 당신에게 밀월기간을 준다. 즉, 팀과 새로운 역할 적응에 필요한 시간을 주는 것이다. 미국에서도 새로운 대통령이 선출되고 집무에 들어가면 처음 얼마간은 밀월기간이라 하여 언론들이 신임대통령에 대한 비난기사를 자제하는 관행이 있다고 한다. 새로 시작하는 사람에게는 어디에서나 새 역할에 적응할 시간을 주는 것이다.

밀월기간 동안에는 면담을 실시하여 팀원들의 성향을 파악하고 팀원들과 협조적인 관계를 형성하며 관리자의 위치에서 해야 할 역할을 정의하도록 한다. 또한 당신의 상사(부장 이상 임원)와 원활한 커뮤니케이션 채널을 다지는 것도 이 기간에 할 일이다. 관리자의 주요한 역할 중 하나가 바로 부하직원과 상위 상사 간 연결이기 때문이다.

밀월기간을 갖기 위해서는 한 가지 반드시 해야 할 것이 있는데, 당신의 상사에게 밀월기간이 필요함을 알리는 것이다. 즉, 새로운 팀과 조직에 적응하기 위한 시간, 새 역할에 따른 업무 파악에 시간이 필요하다는 사실을 알리고 필요한 만큼 시간을 요구해야 한다. 물론 그 기간 동안 업무적응 계획과 진행 상황을 정기적으로 보고하겠다는 다짐은 필수적이다.

업무적응이든 단기간의 '깜짝' 실적이든 당신이 어떤 선택을 해도 상관없지만, 당신의 상사와 미리 상의한 활동이 아니라면 상사의 입장에서는 별의미가 없다는 것을 명심하라.

• 팀원들도 새로 부임한 당신에게 적응할 시간이 필요하다.

방어적 리더십의 스타일

당신이 처음으로 팀을 맡았다면 '어떤 팀장이 될 것인가?', '팀 분위기를 어떻게 만들 것인가?' 등 새로운 역할에 대한 기대에 부풀어 있을 것이다. 기대에 상관 없이 당신은 팀을 어떻게 이끌 것인가에 대한 패러다임을 하나 선택해야 한다. 여러 가지 선택안이 있겠지만 그 선택안들은 결국 2가지로 좁혀진다. '적극적으로 이끌 것인가?' 혹은 '방어적으로 이끌 것인가?' 이다. 팀을 적극적으로 이끈다는 것은 팀원을 신뢰하고 팀을 활성화시키며 프로젝트와 여러 문제들에 적극적으로 임한다는 것이다. 방어적으로 이끈다는 것은 문제발생 위험을 가급적 피하고, 직원들에 의해 일어날 수 있는 예측 불가능한 상황을 최소화하기 위해 통제력을 발휘하며, 당신의 위치와 권위를 최대한 지키는 것을 의미한다. 당신이 적극적이든 방어적이든 어떤 스타일을 선택해도 좋다. 대신 하나의 스타일을 끝까지 고수해야 한다. 그렇지 않으면 팀원들은 당신의 팀 리더십 스타일과 의도를 읽지 못해 매우 혼란스러워할 것이다. 혼란스러운 상황에서 팀원들이 취하는 반응은 오직 하나, 복지부동이다. 무엇을 해도 문제가 되고 지적을 받을 것이 염려되는 상황에서는 차라리 가만히 있는 것이 본전을 챙기는 것이기 때문이다. 만약 당신이 방어적인 패러다임을 선택했다면 다음과 같이 하라.

첫째, 항상 직원들을 감시하라. 직원들은 틈만 나면 농땡이를 칠 궁리를 하는 게으른 존재다. 구체적인 작업지시와 감시가 없으면 아무런 생산물을 내놓지 않고 시간만 때우려고 한다.

둘째, 가급적 많은 룰을 만들어 지키게 하라. 회사에서 정해둔 사규만으로 직원들을 꼼꼼하게 통제할 수 없다. 더 많은 룰을 만들어 지키게 하라. 문제가 발생했을 때 정해둔 룰이 판결의 근거가 되어줄 것이다.

셋째, 가급적 승진이나 연봉인상, 사원복지에 대한 약속은 삼가라. 그것들은 당신의 책임과 권한의 범위를 넘어선 것이다. 일을 시키기 위해 그런 약속을 남발했다가는 오히려 그 족쇄에 갇히고 말 것이다. 인사부서와의 갈등을 사전에 피하고 싶다면 더더욱 그래야 한다.

넷째, 위험도가 높은 프로젝트는 피하라. 위험도가 높은 프로젝트는 실패할 가능성이 크고 임원들과 회사로부터 문책당할 확률도 높아진다. 문책당한 횟수가 당신의 내년 연봉에 어떤 영향을 미칠지는 당신이 더 잘 느낄 것이다.

다섯째, 일일이 지시하고 통제하라. 임무를 줄 때 목표만 주지 말고, 수단까지 꼼꼼하게 챙기고 체크해야 한다. 행여 팀원이 잘못된 수단과 방법을 선택하는 바람에 전체 프로젝트 진행에 부정적인 영향을 미친다면 당신의 스트레스 수준은 더욱 올라갈 것이다. 팀원들이 임의로 어떤 결정을 내리고 수행하지 않도록 강조하라.

여섯째, 부하직원간 상호견제 분위기를 만들어라. 잘 통제된 팀에서 불확실성과 무질서는 적이다. 팀원들이 무질서를 만들어내지 않도록 상호견제하게 하고 서로 경쟁하게 하라.

방어적인 리더십 스타일의 핵심은 철저한 통제를 통해 문제가 발생할 여지를 줄이고 직원들에 대한 장악력을 높이는 것이다. 또한, 직원들은 문제를 생산할 위험이 큰 존재이고, 항상 당신의 보살핌이 필요한 대상임을 잊지 않도록 하라.

대신 이 스타일을 선택하면 한 가지 감당해야 할 것이 있다. 그것은 바로 팀의 사소한 결정과 책임까지 모두 당신 몫이라는 것이다. 부하직원들은 회사비품으로 500원짜리 볼펜을 사는 문제에도 당신의 결정을 요구할 것이다.

● 당신이 방어적인 리더십을 선택했다면 이 책을 더 이상 읽지 말고 여기에서 덮어라. 이후의 내용은 당신에게 아무 도움이 안 되는 내용들이다.

자유로운 분위기를 만들어
팀워크를 높여라

당신이 방어적인 리더십을 거부하고, 창의적이고 적극적인 리더십을 선택했다면 축하한다. 이로써 당신과 길을 끝까지 같이 갈 수 있게 되었다. 당신이 우려하고 걱정하는 점을 잘 알고 있다. 우선 업무상황과 팀 분위기가 무질서에 빠지는 것이 싫을 것이다. 인간은 무질서를 좋아하지 않는다. 아주 사소한 현상에도 뭔가 이유를 찾지 않으면 찜찜함을 느낄 정도로 인간은 불확실성을 남기지 않으려는 성향이 있다. 이것은 뭔가 잘 정리된 것이 편하고 아름답다는 생각에서 기인한다.

또한 뭔가 중복된 것이 보이면 비효율적으로 느껴지는 당신의 효율성에 대한 집착도 이해한다. 중복을 없애고 최대한 효율적인 모습과 구조로 만들기 위해 뭔가 개입하고 싶을 것이다.

이런 몇몇 거슬림이 적극적 리더십을 선택하는 데 걸림돌이 되고 있다. 하지만 자연계는 불확실성을 용인하는 구조를 갖고 있고, 이것이 오히려 시스템의 안정을 가져온다. 불확실성이 용인된다는 것은 그만큼 자유도가 높아지는 것이다. 간혹 당신의 부하직원이 문제를 발생시켜 전체업무를 지체시킬 수도 있다. 하지만 그런 것을 용인하는 분위기를 만들면 창의성이란 새로운 파워를 얻게 된다. 문제가 생기면 이 창의성을 통해 극복한다. 그런 자유로운 분위기 속에서 싹트는 것이 팀워크이다.

진화의 방향은 진보가 아닌 다양성이라고 한다. 다양성에서 성과를 만드는 실험에서 많은 조직들이 성공을 거두고 있다. 당신도 그 성공의 예에 들어갈 수 있다.

● 적극적인 리더십은 실패의 두려움이 아닌, 무엇을 이루고자 하는 욕구를 통해서 에너지를 얻는 것이다.

부하직원이 리더십을 발휘할 기회를
적극 제공하라

방어적인 리더십의 관점에서 부하직원은 모두 동일한 특성을 갖는 존재이다. 게으르고 늘 감시와 통제가 필요한 존재로 인식하기 때문에 부하직원을 관리하는 데 당신의 일방적인 지시와 감시만 있으면 된다. 부하직원의 특성을 파악할 필요가 없는 것이다. 따라서 오로지 당신의 통제능력에 의해 팀 성과가 좌우된다.

그러나 적극적인 리더십은 부하직원들의 일반적인 특성을 이해하고 개개인의 장점을 이용해야 최고의 성과를 이루어낼 수 있다고 본다. 따라서 부하직원들에 대한 이해가 필수적이다.

부하직원은 일반적으로 다음과 같은 특성을 갖는다.

첫째, 부하직원은 최단거리를 선호하는 게 아니라 저항이 적은 길을 선호한다. 임무를 완수하는 데는 다양한 방법이 있다.

당신은 이미 많은 경험이 있기 때문에 그 임무를 가장 효율적으로 해내는 방법을 알고 있을 것이다. 하지만 부하직원은 자신에게 익숙하고 편한 방법을 선택하는 경향이 있다. 이 방법상의 차이를 없애려고 당신의 방법을 강요하거나 강제해서는 안 된다. 부하직원이 선택한 방법을 존중해주어라. 오로지 신경쓸 것은 임무의 목표를 달성했는지의 여부다.

둘째, 부하직원은 당신의 관심을 원한다. 이것은 부하직원의 성격이나 개성과 별개의 문제이다. 대체로 간섭받기는 싫어하지만 관심을 거두는 것을 바라지 않는다. 자신이 제대로 임무를 수행하고 있는지 피드백을 받고 조언을 받고 싶어한다. 그리고 성공적인 임무결과에 대해서는 칭찬을 기대한다. 부하직원에게 관심을 보이고, 부하직원 자신도 몰랐던 자질이나 재능을 발견해주어라. 그러면 당신에게 강한 로열티로 보답할 것이다. 역량개발에 따른 성과향상은 덤이다.

셋째, 부하직원은 자신의 능력을 증명하고 싶어한다. 자신의 능력을 당신에게 증명함으로써 회사와 팀에서 중요한 존재로 인정받고 싶은 것이다. 자신의 능력에 대한 증명은 연봉 수준을 떠나 자아실현의 욕구를 충족하는 차원에서 부하직원에게는 매우 중요한 일이다. 이 증명의 계기를 빨리 맞이할수록 회사에 대한 적응도 빨라진다. 또한, 자신의 능력을 증명하는 것이 중요한 이유는 이것이 자아실현의 욕구와 자존의 욕구, 생존의 욕구를 모두 충족하는 일이기 때문이다. 이런 욕구를 무시하고 부하직원에게 능력을 발휘할 기회를 주지 않으면 좌절감을 느낀다. 기회를 주는 것은 부하직원의 역량을 개발하고 자아실현을 돕는 방법임을 기억하라.

넷째, 다음 단계를 준비하는 부하직원에게는 다음 단계의 역할에 대한 기대가 있다. 머지않아 승진을 하게 될 고참사원들은 관리자의 역할에 대해 나름대로 밑그림을 그리고 준비한다. 이런 직원들의 경우 업무뿐만 아니라 팀 리더십에도 관심이 많다. 당신이 그것에 대한 충분한 역할모델이 되어야 함은 물론이고, 그들에게 리더십을 경험할 수 있는 기회를 제공해야 한다.

● 부하직원에 대한 파악이 당신의 성과에 영향을 준다는 사실에 놀라지 말라. 그것이 바로 리더십의 효과이다.

근무시간이 성과를 보장하지는 않는다

시간에 대한 통제력이 없어지고 근무환경이 열악해지면 부하직원들은 근무시간을 묘하게 쓰기 시작한다. 즉, 근무시간을 줄이려고 하기보다 오히려 늘리는 경향을 보인다. 이것은 일종의 '시간보험 들기' 이다. 많은 시간을 근무에 투입하는 모습을 보임으로써 낮은 성과에 대한 책임을 피하겠다는 것이다.

이 시간보험 들기는 몇 가지 형태로 나타난다.

첫째, 주어진 임무를 가능한 한 늘릴 수 있는 시간까지 늘려서 하는 것이다. 1954년 영국에 노스코트 파킨슨은 업무수행과 관련한 한 가지 법칙을 발표했다. 파킨슨의 주장에 따르면 '업무는 그에 할당된 시간만큼 늘어지는 경향이 있다' 는 것이다. 업무수행에 주어지는 시간이 실제 필요한 시간보다 더 많다고 해서 일찍 완수되는 것은 아니라는 사실을 풍자한 것이다. 실제로 경영현장에서 그런 모습을 발견한 경영자와 관리자들은 수행시간을 충분하게 주는 것을 시간낭비로 여기고, 빠듯하게 마칠 수 있을 만큼만 임무시간을 주기 시작했다.

둘째, 근무시간을 중요하지 않은 사소한 업무로 채우는 것이다. 새로운 임무를 가급적 덜 맡고, 자신의 가용시간을 보호하기 위해 일상적이고 사소한 업무로 하루 일정을 채운다. 계획한 활동들이 단지 중요하지 않을 뿐 회사 업무와 관련한 활동들이기 때문에 '업무를 안 한다'는 지적을 하기도 어렵다. 이런 현상은 직원들이 노력한 결과를 제대로 인정받지 못하고 있거나, 업무가 과도하게 부여되어 항상 일정에 쫓기는 일이 잦을 때 나타난다. 이런 상황이 되면 직원들은 임무가 어느 정도 끝나 시간적인 여유가 생기더라도 일부러 일을 늘려 근무시간을 채우고 본다.

셋째, 야근과 초과근무를 만성화한다. 관리자들이 잘 빠지는 함정은 만성적인 야근과 초과근무가 프로젝트의 질을 향상시키고 팀의 능력과 기술을 증가시킬 것으로 착각한다는 점이다. 그래서 부하직원이 별 이유도 없이 야근과 초과근무를 해도 문제 삼지 않고 내버려둔다. 하지만 뚜렷한 이유 없이 초과근무를 만성화하는 것은 부하직원들이 '시간보험 들기'를 하고 있는 것이다. 즉, 그 일이 실패하더라도 자신은 시간을 투자해서 최선을 다했으니 자기에게는 책임이 없다는 생각을 당신에게 주입하는 것이다.

팀 내에 '직장 내에서 보내는 시간은 모두 일하는 시간이다'라는 인식이 뿌리내리지 못하게 해야 한다. 업무의 성과는 시간의 양이 아닌 결과의 질로 이야기한다는 것을 모든 팀원들이 인식하도록 온갖 노력을 다해야 한다. 부하직원들은 가끔 자신의 활동이 생산적인 것인지 아닌지 분간하지 못하고 직장에서의 시간을 대수롭지 않게 생각하기 때문이다.

● 팀에서 시간보험을 드는 직원이 많다면 그것은 당신에게도 책임이 있다.

파킨슨 법칙에 대해

놀라운 사실은 과학적인 근거에 의해 발표된 법칙이 아님에도 불구하고 많은 경영자와 전문가들이 이 법칙을 인용하고 있다는 것이다. 파킨슨은 경영학자도 과학자도 아닌 작가였고, 그의 법칙은 그저 풍자일 뿐이었지만 주목을 받았다. 왜 그랬을까? 그것은 머피의 법칙처럼 재미가 있었고, 누구나 고개를 끄덕일 만한 촌철살인의 설득력이 있었기 때문이다. 과학적인 근거가 없는 만큼 신봉하지도, 너무 인용하지도 말자.

잦은 야근은
생산성이 떨어지고 있다는 증거

온라인 콘텐츠사업을 하고 있는 회사의 한 직원과 인터뷰를 할 기회가 있었다.

사업 도메인의 특성상 온라인 콘텐츠사업은 직원들의 창의력과 혁신적인 사고가 필수적이다. 따라서 활기찬 조직문화와 상호간의 활발한 지식교류가 있어야 하는데, 그 회사는 그런 분위기가 아니었다. 엄격한 근태관리는 그렇다 치고 회사 내에서 사적인 담화도 철저히 금기시하는 분위기라고 했다. 그래서 업무 시작부터 퇴근을 할 때까지 적막한 분위기가 그대로 유지된다고 한다. 게다가 대표이사가 거의 퇴근을 안 하다시피 하니 이하 임직원들도 그 눈치를 보느라 별일이 없어도 퇴근하지 못하고 9시, 10시를 채우는 일이 보통이었다. 인터뷰를 했던 그 직원은 어쩌다가 7시에 퇴근하면 (이 대목에서 '일찍'이라는 표현을 썼다.) 다음날 왠지 일을 덜하고 나갔다는 느낌 때문에 눈치가 보인다는 이야기를 했다.

이런 회사에서 창의적 아이디어와 혁신적인 서비스를 기대할 수 있을까? 업무 관련 지식은 잘 공유되고, 직원들의 지식은 시너지를 내고 있을까? 이 회사에는 여러 가지 문제가 있지만 불필요한 야근이 만성화되어 있다는 것만으로도 생산성 저하가 쉽게 예상된다. 만성적 야근은 팀의 에너지를 갉아먹는 흡혈귀다.

2008년 4월 LG경제연구소에서 발표한 연구결과('야근 없는 직장 만들기')에는 야근이 만성화될 때 나타나는 부작용을 다음의 3가지로 경고하고 있다.

첫째, 과도한 야근이 지속되면 정신적 스트레스가 증가하고, 업무 몰입도가 저하되며, 쉽게 피로해져 업무 효율성이 떨어진다.

둘째, 치열한 경쟁에서 살아남기 위해 기업의 업무 특성이 창의적이고 혁신적인 사고를 요구하는 방향으로 바뀌고 있는데, 장시간 노동을 할 경우 맑은 정신을 유지하는 시간이 줄어든다.

셋째, 근무 여건 악화로 인해 우수인력 유출의 위험이 증가하고, 인재 유치가 어렵게 된다. 우수인재 유출이 반복되면 장기적으로 회사 평판이 나빠져 우수인력을 유치하기가 더욱 어려워지는 악순환에 빠진다.

경영컨설턴트인 에릭 알베르의 연구에 따르면, 직장에서 더 열정적이고 열심히 일했던 사람이 회사로부터 더 많이 상처받고 빨리 그만두는 이유는 '재충전 없이 에너지와 인생을 고갈해버렸기 때문'이라고 한다. 그런데도 많은 회사에서 야근을 방치하고 있고, 오히려 야근을 당연한 업무 관행으로 고착화시키기까지 한다.

이것은 직원들의 성장기회와 시간을 담보로 회사에서 필요한 것만 얻어내면 된다는 것과 다름없는 태도다. 이런 태도 뒤에는 '언제나 직원은 뽑을 수 있고, 시스템만 잘 갖추어져 있으면 누가 와도 대체할 수 있다'는 이데올로기가 숨어 있는 것이다. 또한 거기에는 '야근을 통해 직원의 조직의 충성도를 평가하겠다'는 계산도 깔려 있다. 대신에 축적될 수 있는 지적자산을 포기하고 시너지를 기대할 수 없는 조직이 되어가는 것을 감수해야 한다.

당신의 팀에서 야근이 만성화되고 있다면, 당신은 부인하고 싶겠지만 생산성은 분명 떨어지고 있다. 생산성 저하를 팀원에게 탓하지 마라.

● 필요에 따른 일시적인 야근은 업무의 완성도를 높이는 긍정적 측면도 있다.

최강 팀은 최고의 팀워크가 만든다

공통의 일을 수행하고 있는 사람들을 팀이라고 할 수 있을까? 그것만 가지고 팀을 정의하기에는 연결이 약하다. 팀에는 정신이 필요한데, 여기서 요구되는 것은 바로 팀워크, 흔히 단결력이라고 하는 것이다.

전체가 부분의 합보다 큰 이유는 각 구성요소 간의 관계에서 오는 창발성 때문인데, 팀도 마찬가지로 구성원 간의 연결강도가 전체의 힘을 높이는 중요한 요소로 작용한다.

그럼, 단결력을 가지고 오는 핵심요소는 무엇일까? 바로 공통의 목적이다. 팀이란 원래 목적을 위해 구성된다. 단결력이 높은 팀은 단결의 과정에서 공통의 목적을 찾고, 이에 대한 신념을 갖는다.

공통의 목적을 찾을 때 쉽게 빠지는 함정이 있다. 팀원들이 회사의 목표를 팀의 공통목적으로 당연히 인정할 것이라는 근거 없는 확신이 그것이다. 팀원들이 회사의 목표와 목적을 받아들이는 과정은 생각보다 복잡하다. 이것을 이해하지 못하고 팀원의 동의 없이 당신의 의지만 강조하면 팀원들은 부담을 느낀다. 당신의 열정을 따라오지 못하는 팀원들에게 실망하고 배신감마저 느낄지도 모른다. 하지만 하부조직에는 그런 동기가 절대로 자동적으로 작용하지 않는다. 이 사실을 인정해야 한다.

당신의 임무는 바로 회사의 목적, 목표를 팀의 목표와 동조시키고 부하직원들이 충분히 회사의 목적을 납득하고 받아들일 수 있도록 설득해야 한다. 그래야 부하직원들이 그에 대한 집중력을 발휘한다. 목표달성을 외치기에 앞서 목표를 동조시키는 작업부터 하라. 팀원들이 당신의 추구하는 방향과 목표에 동조하기 시작하면 별것도 아닌 일에도 폭발적인 힘을 내고, 그 에너지에 스스로 만족해한다.

여기서 문제 하나. 각 부문의 최고의 인재만 모아서 팀을 만들었다고 하자. 이 팀은 과연 최고의 성과를 내는 드림팀이 되었을까? 팀장이라면 누구나 최고만 모아 팀을 꾸렸으면 하는 꿈을 꾸곤 한다. 하지만 구성원을 최고의 인재로 채웠다고 해서 꼭 최상의 팀이 되는 것은 아닌 모양이다.

뉴욕시 한 레스토랑 체인점에서 전국에서 최고의 요리사와 특급호텔의 종업원을 선발했다. 최고의 인재들만 모았으니 당연히 최고의 매출을 올릴 것으로 기대했다. 하지만 뚜껑을 열어보니 결과는 달랐다. 다른 체인점과 연간 매출을 비교해보니 그 체인점이 상위그룹에 속하기는 했지만 최고는 아니었다. 매출 1위를 한 체인점은 도심도 아닌 외곽지역의 작은 체인점이었다. 그곳 직원들은 각 부분 최고의 인재들 중에서 선발된 것은 아니었지만 고객을 위하는 태도가 남달랐다. 즉, 고객에게 친절한 서비스를 제공하는 것을 넘어 일상까지 공유하는 태도를 가지고 있었던 것이다. 음식 취향은 물론 고객의 가족사항, 관계, 개인사에 대한 것까지 알고 그 정보를 나누고 있었다.

최고를 모으면 최고가 된다는 환원주의적 사고로는 이해할 수 없는 현상이 있는 것이다.

● 팀원들이 활기에 차서 즐겁게 일하고 있다면 단결하고 있다는 결정적 신호다.

팀이 단결되면

1) 강력한 정체성을 갖고 다른 팀과 구분되고자 한다.

2) 일종의 엘리트 의식 같은 것이 싹튼다.

3) 팀에서 생산한 결과물에 대한 공동의 애착이 생긴다.

4) 이직을 하더라도 팀에 부담을 주지 않는 시기를 고른다.

부하직원의 업무 수행 패턴을 파악하라

유능한 상사들은 부하직원들의 업무수행 습관을 파악한다. 부하직원의 업무수행 스타일을 알고, 그에 따른 적절한 지도와 관리를 할 수 있어야 팀의 성과를 높이고 시간 및 인력낭비를 막는다. 지시를 내렸다고 해서, 혹은 위임했다고 해서 끝이 아니다. 위임을 했더라도 관리의 책임은 당신을 떠나지 않는다.

부하직원이 다음 유형 중 어디에 속하는지 살펴보고 적절하게 지시하고 관리하라.

용두사미형

초기에 열정이 넘치지만, 정확히 무엇부터 해야 하는지 파악하지 못하고 에너지와 시간을 낭비하는 유형이다. 신입사원들에게 흔히 나타나는 패턴이다. 상사에게 자신의 능력을 빨리 인정받기 위해 무작정 덤비다가 제대로 된 결과를 얻지 못하고 제품에 지쳐 포기하는 것이다. 이런 경우 기존직원보다 많은 지도와 피드백, 격려를 주어 업무에 빨리 적응하고 업무의 요령을 터득할 수 있도록 해준다.

신입사원이 아닌 기존직원에게서 이런 성향을 보인다면 업무 습관에 문제가 있는 것으로 볼 수 있다. 지시사항을 정확하게 파악하지 않고 업무에 덤비는 습관을 가지고 있는 것이다. 이런 유형은 일단 일을 시작하고, 잘못되면 그때그때 고치면 된다는 생각이 깊게 뿌리박혀 있다. 실패의 두려움에 싸여 일을 시작하지 못하는 것보다는 좋지만, 매임무마다 시행착오를 겪어 두 번 세 번 다시 하고 있다면 시간낭비로 봐야 한다. 이런 유형에게는 임무를 전략적으로 계획하고 수행하는 방법을 가르쳐주어 임무수행시에 적용할 수 있도록 지도한다.

개인주의형

익숙하고 좋아하는 일만 하려는 유형이 있다. 이런 유형의 사람들이 가진 공통적인 심리는 실패에 대한 두려움이다. 회사에 실패하지 않는 모습을 보이기 위해 위험을 감수해야 하는 일을 피하는 것이다. 이런 심리는 공부를 잘하는 아동들에게도 종종 나타난다. 부모나 선생님으로부터 칭찬을 듣기 위해 잘하는 과목만 공부하거나 쉬운 문제만 풀려는 습성을 보인다. 그래서 도전적인 것에 적게 노출된 결과 작은 위기에도 크게 흔

들린다. 이런 경우, 도전적인 업무를 주고 문제가 생기면 도와주겠다고 안심시켜라. 그리고 지속적으로 격려하고 피드백을 주도록 한다. 개인주의가 나타나는 또 다른 이유는 현재의 직무에 몰입하지 못하기 때문이다. 가지고 있는 수준만큼만 능력을 발휘하고 그 이상의 노력이나 업무수행은 필요 없다고 느낀다. 이런 직원에게는 올라간 성과만큼 보상할 것이라는 신뢰를 주고, 성장의 기회가 되는 프로젝트를 맡겨 팀 내에서 자신의 위치가 중요하다는 것을 느낄 수 있도록 해준다.

독불장군형

이 유형은 개인주의형과 비슷해 보이지만 동기부여가 잘되어 있고, 도전적인 업무에도 의욕을 보인다는 점이 다르다. 이런 스타일은 대체적으로 개인적인 능력이 뛰어나다. 두 사람 몫의 일을 해낼 수 있는 능력이 있다. 이들은 자신의 성과에 다른 직원이 무임승차하는 것을 못 참는다. 독불장군형의 문제는, 간혹 자만에 빠져 사소한 일을 그르치거나 다른 직원들과의 관계가 원활하지 못해 팀 밖에서 겉돌기도 한다는 것이다.

이런 스타일의 직원에게는 업무에 지루함을 느끼지 않도록 계속 도전의식을 심어주고, 그에 합당한 보상을 부여하고 인정을 해준다. 또한 혼자가 아니라 두 사람 이상이 협력할 수밖에 없는 비중 있는 임무를 맡겨 팀워크의 소중함을 느끼게 하는 것도 좋다.

벼락치기형

일이 주어지면 빨리 끝내고 일의 부담을 덜어내려는 사람들이 있지만, 그 반대로 일을 마감시한까지 미룰 수 있는 만큼 최대한 미루다가 막판에 마감에 쫓겨 겨우겨우 일을 끝내는 벼락치기형도 있다. 의외로 이런 스타일을 가진 직장인들이 많다. 그들이 내놓는 이유는 막판에 닥쳐야 긴장감이 생겨 집중이 잘된다는 것이다.

마감시간에 가까워져 생기는 긴장감을 이용하는 것이 일을 수행하는 하나의 방법임엔 틀림없다. 하지만 문제는 일의 완성도이다. 벼락치기를 하되 일의 완성도가 좋고 마감시간을 넘기는 문제를 발생시키지 않는다면 훌륭한 시간관리를 한다고 볼 수 있지만, 그렇지 않다면 벼락치기식 태도를 지적해주어야 한다.

이런 스타일의 부하직원에게 임무를 맡길 때는 우선 수행계획부터 세우도록 지시한다. 그리고 중간확인점을 두어 중간성과를 체크하도록 한다. 맡긴 임무가 시일이 많이 걸리는 일일수록 철저하게 과정을 확인해야 한다. 처음에 벼락치기를 하던 부하직원도 이 방식에 익숙해지면 이후의 임무는 알아서 잘 관리하게 될 것이다.

● 부하직원이 어떤 스타일이건 뭔가 새롭고 색다른 일을 할 때는 흥미와 에너지가 높아진다. (호손의 효과)

| TIP | **호손의 효과** Hawthorne Effect

호손 효과(Hawthorne effect)는 근로자의 행동을 관찰함으로써 그들의 행동이 변하며, 따라서 일시적으로 효율이 변화하는 현상을 말한다.

이 현상은 1924년에서 1932년 사이에 호손 웍스라는 공장에서 수행된 실험에서 얻어진 결과로부터 유래한다. 이 실험의 원래 목적은 조명의 밝기와 작업 생산성의 연관성을 알아내기 위한 것이었다. 1924년부터 1927년까지 2년 반 동안 실시된 실험에서 연구자들은 조명의 밝기 외에 다른 것이 측정된 생산성에 영향을 주고 있음을 발견하게 되었다. 그들은 연구자의 관찰행위가 어떤 영향을 미쳤을 것이라 생각하고, 1927년에 이 실험을 중단하였다. 1927년에 웨스턴일렉트릭사는 하버드대학교 교수인 엘튼 메이요의 팀에게 협조를 구해 실험을 재개하여 1932년까지 계속 실시하였다. 새로운 실험은 작업의 내용, 근무요일, 휴식시간, 급료 등의 영향 요인을 변화시키면 생산성에 얼마나 영향을 끼치는지 조사하는 것이었다. 이 실험을 통해서 엘튼 메이요는, 사람들의 행동은 같이 일하는 그룹간에 밀접하게 연관되어 있다고 결론을 얻었다. 이 실험결과로 인해 기업생산성을 결정하는 조건으로 테일러의 과학적 관리법이 아닌 인간관계의 중요성이 부각되었고 조직심리, 조직행동, 인간공학 이론들을 탄생시킨 효시가 되었다.

최근 들어서는 호손 효과의 의미는 확장되어 어떤 새로운 관심을 기울이거나 관심을 더 쏟는 것으로 대상의 사람들이 행동과 능률에 변화가 일어나는 현상을 말하는 것으로 변했다.

팀 내 경쟁은 부작용이 더 많다

팀제 운영은 많은 기업에서 실시하고 있는 조직구성 방식이다. 우리나라에서 팀제는 1990년대 중반에 들어서면서부터 시작되었는데, 전통적으로 유지해온 부,과를 통폐합하여 조직을 팀 단위로 재편하였다. 초기에는 대기업을 중심으로 팀제가 도입되었고, IMF 이후로는 중견기업으로 확산되어 오늘날 팀제는 민간기업에 있어서는 일상화된 조직형태가 되었다. 자율성 증대와 업무에 대한 자신감 증대 등 많은 장점을 가지고 있지만, 팀제의 핵심인 팀워크가 깨지고 팀 내 신뢰가 사라지면 그에 따른 부작용이 만만치 않다.

팀의 효율성을 높이기 위해서는 무엇보다도 팀원간의 협조적 분위기가 가장 중요한 관건이다. 서로 도움을 주고받고 서로의 능력을 향상시켜주어야 팀원 자신도 유리한데, 구성원간의 경쟁을 부추기면 팀원들 간에 조직력이 상실되어 시너지를 전혀 내지 못한다.

요즘 구성원간의 경쟁을 부추기기 위해 핵심인재를 부각시키고 우대하는 승자독식의 문화를 도입하는 기업들이 있다. 승자독식의 문화는 경쟁을 부추겨 개인의 능력을 높이는 데 다소 기여할 수 있을지 모르지만, 팀의 사기저하를 부르고 상호협조를 위축시켜 팀의 잠재력을 최소화시키는 부작용이 있다. 또한 팀워크와 팀의 효율이 높아지려면 자발적으로 동료간에 업무를 지도하거나 협조하는 문화가 자리잡고 있어야 하는데, 이것을 기대하기 어려워지는 것이다. 스텐포드대학의 제프리 페퍼 교수도 승자독식형 조직관리에 반대하고 있다. 그는 핵심인재에 대해 지나치게 차별적으로 관리하는 것을 조직문화를 파괴하는 주범으로 간주하고 있다.

업무와 관련한 모든 기술과 절차를 상사가 마스터하고 있지 못하고, 현장의 세세한 경험을 상사인 당신이 모두 알 수 없는 상황에서 동료간 상호지도와 교육은 팀워크 형성과 팀파워 강화에 있어서 절대적이다. 그런데 이런 시너지를 원천적으로 막는 셈이 된다.

수학적으로는 0과 0을 더하는 것이나 -2와 +2를 더하는 것은 같은 결과를 보여주지만, 인간관계에서는 판이하게 다르다. 인간관계 측면에서 전자의 경우는 구성원간 아무 소통이 없는 상태를 표현한 것으로 주고받은 것이 전혀 없기 때문에 관계에 아무 영향을 미치지 못한다. 반면, 후자는 상호교류가 일어나 서로 주고받은 것이 있기 때문에 관계강도가 강해진다. 강해진 관계 속에서 시너지가 생긴다.

경쟁은 팀 간에 하되 팀원 간에는 협조가 싹트도록 하는 것은 당신의 몫이다.

● 팀의 대외 경쟁력을 높이는 것에는 양보가 없다.

팀원들이 노하우를 공유할 수 있는 시스템을 갖추어라

상호간 마음을 열고 팀 내에 상호협조 분위기가 조성되었다면 팀원 각자가 가진 노하우와 정보를 효과적으로 공유할 수 있는 시스템을 만드는 것이 필요하다.

팀원 간에 노하우가 공유되지 못하면 어떤 현상이 발생할까? 유사한 업무를 할 때 똑같은 시행착오를 겪느라 시간을 낭비하게 된다. 계획하는 주체와 실행하는 주체가 같은 개인의 경우에도 똑같은 실수를 반복하는 경우가 많은데, 계획 주체와 실행 주체가 다른 팀의 경우 같은 실수를 반복할 가능성은 훨씬 높을 수밖에 없다. 따라서 시행착오 반복을 줄이는 것만으로도 상당한 시간을 절약할 수 있다.

노하우를 공유하는 첫 번째 방법은 팀에서 자주 실행하는 과업에 대해서는 체크리스트를 만든다. 세부적인 내용은 달라도 수행절차가 비슷한 일들이 많다. 이런 일들의 절차를 체크리스트로 정리해서 공유하면 다음에 비슷한 일을 수행하는 사람이 이를 참고하여 효과적으로 일을 수행할 수 있다. 예를 하나 들어보자. 당신의 팀이 입찰에 참여하는 업무가 잦다그 가정해보자. 입찰에 참여하기 위해서는 여러 가지 준비가 필요한데, 미리 준비해두지 않으면 갑자기 마련하기가 어려운 것들이 있다. 대표적인 것이 협력회사의 제안서나 견적서 같은 것들인데, 미리 협력사에 요청하여 정확한 내용을 받아 필요한 브수만큼 준비해두어야 한다. 입찰에 필요한 제출서류 작성, 사용인감 준비 등은 평소 다른 업무에는 잘 쓰지 않는 것들이므로 별도로 적어두지 않으면 기억력만으로 챙기기가 어렵다. 지인 중 한 사람은 입찰시 보증금을 제출하는 걸 확인하지 못해서 입찰하러 가서 곤란을 겪기도 했다. 따라서 입찰처럼 이미 경험한 사람의 노하우가 필요한 일에 대해서는 체크리스트를 만들어두면 다른 사람이 비슷한 일을 할 때 매우 도움이 된다.

두 번째 방법은 온라인상으로 노하우 게시판과 질의응답 게시판을 운영하는 것이다. 노하우 게시판은 특정업무를 수행할 때 효과적으로 할 수 있는 각종 노하우를 공유하는 게시판이고, 질의응답 게시판은 어떤 업무를 추진하는 과정에서 발생하는 여러 가지 문제를 질문하면 그것에 대한 지식을 가진 팀원이 응답하는 게시판이다. 인트라넷상에 별도의 게시판을 갖추기 어렵거나 IT부서로부터 게시판 개발지원을 받을 수 없다면 포털사이트에 팀 블로그를 만들어 그것을 활용하는 것도 좋다. 일단 온라인상으로 게시판이 운영되면 회사 밖에서도 업무지식들에 접근할 수 있다는 장점이 있으므로 꼭 운영해보기 바란다.

● IT 시스템 지원 문제 때문에 노하우 공유가 안 된다는 것은 핑계다.

| TIP | **블로그나 카페를 이용하면 좋은 점**

현재 포털사이트의 블로그와 카페는 Web2.0 기술들이 적용되어 있다. Web2.0
기술은 '공유, 참여, 개방'으로 요약되는 인터넷의 특징을 충실하게 지원한다. 따
라서 많은 사람들이 지식의 생성과 분류, 진화에 직접 참여할 수 있다. Web2.0
기술을 통해 공유되는 지식은 개인 차원에서 끝나는 지식이 아닌, 소통되는 지식
으로 거듭난다. 따라서 블로그나 카페를 통한 노하우 공유는 지식의 생명력을 높
일 수 있다는 점에서 메리트가 있다.

부하직원이 찾아오도록
마음과 시간을 열어둔다

단결된 팀의 힘은 원활한 의사소통에서 나온다. 그러기 위해서는 언제라도 부하직원이 당신을 찾아올 수 있도록 해야 한다. 회의시간에 '언제라도 찾아오라'고 팀원들에게 선언했다고 해서 끝이 아니다. 팀원을 대하는 당신의 태도가 수용적이어야한다. 그래야 팀원들이 안심하고 찾아와서 가지고 있는 사안에 대해 이야기할 수 있다. 당신이 수용적인 태도를 가지고 있다는 것을 의식적으로 보여줄 필요도 있다. 의사소통을 하겠다고선언해놓고선 방문을 닫아두고 있거나, 내부 유리창을 블라인드로 완전히 가려놓고 있다면 팀원들은 무의식적으로 벽을 느낄 것이다. 미국의 심리학자 메라비안은 의사전달에 있어서 말이 차지하는 비중은 7%, 음조나 억양 등 유사언어까지 포함한목소리가 38%, 그리고 비언어적 요소가 55%라고 주장한다.

또한 비언어 행위의 권위자인 버드위스텔 박사는 의사소통시 몸짓 언어가 전달하는 정보의 양이 65~70%에 해당하며, 음성 언어는 30~35%라고 주장한다. 이처럼 의사소통의 양과 질에 있어서 비언어적 요소가 차지하는 비중은 무시할 수 없다. 당신의 비언어적 행동이 팀원들에게 미치는 영향은 언어 표현보다 더 크다고 할 수 있다. 따라서 언어표현과 비언어적 행동이 일치해야 팀원들이 당신의 말을 신뢰할 수 있다. '언제라도 찾아오라'고 했으면 다음은 당신 방문부터 여는 것이다. 방문을 열고 난 다음 이런 의문이 생길 것이다. '나에게 주어진 시간은 제한이 있는데, 찾아온다고 모두 받아주면 내 고유의 업무는 언제 하나?' 이런 의문은 당연하다. 팀원들과의 상담으로 일과시간을 모두 쓰기에는 해야 할 다른 일이 너무도 많다. 이 문제 대해서는 한 가지 룰만 정하면 된다. '언제든 찾아오되 각 개인에게 할당된 시간은 20분입니다'라고 선언하는 것이다. 개인이 면담할 수 있는 시간을 한정해두면, 부하직원 입장에서는 제한된 시간 내에 이야기를 끝내고 결론을 얻어야 하기 때문에 미리 논의할 사안을 정리해온다. 그러면 쓸데없이 이야기가 길어지는 것을 막고 핵심내용에 바로 접근할 수 있다. 또한 다른 팀원들이 면담할 수 있는 시간도 보호할 수 있다.

● 당신도 방해받지 않는 시간이 필요하다. 그때는 방의 문을 닫아 팀원들에게 묵시적 신호를 보내라.

어떤 경우라도
팀장의 권위를 잃지 마라

요즘은 여러 가지 리더십 유형 중 서번트 리더십이 유행하고 있다. 그래서 부하직원들을 동기부여하면서 그들이 업무를 잘할 수 있도록 지원하고 격려하는 리더십을 실천하려는 관리자들이 늘고 있다. 그런데 서번트 리더십을 무조건 부하직원에게 맞추는 리더십으로 오해하는 경우가 적지 않다. 서번트 리더십은 부하의 기분을 맞추어주는 리더십이 아니다.

부하직원들에게는 상사인 당신이 관심 있게 보고 있다는 인상만 주어도 충분하다. 업무에 있어서 최고의 성과를 낼 수 있도록 지원하는 데 노력을 아끼지 않아야 하겠지만, 부하직원의 기분과 컨디션이 저하될까 눈치를 보며 과도한 신경을 쓰는 것은 오히려 부작용을 낳는다.

상사의 권위를 침해하거나 팀워크, 팀의 공익, 프로의식을 저버리는 행위에 대해서 단호히 대응하여 팀원들이 긴장을 완전히 풀지 않도록 해야 한다.

간혹 일부 관리자들이 편한 팀 분위기에 안심하고 사적인 자리에서 인간적으로 무너진 모습을 보이는 경우가 있는데, 매우 조심해야 한다. 관계가 좋고 분위기가 우호적일 따는 문제되지 않지만, 그 반대의 상황에서는 부하직원이 당신을 공격할 때 그것을 이용한다.

부하직원의 입장에서도 마찬가지이다. 상사가 당신에게 바닥을 보였다고 해서, 혹은 개인적인 비밀을 알게 되었다고 해서 함부로 행동해서는 안 된다. 가장 비밀을 많이 알고 있는 사람이 관계가 나빠지면 가장 부담스런 존재가 되어버린다. 상사의 개인적인 비밀은, 알려고 하지도 말고 알아도 모르는 척해라.

● 부하직원에게 친절하고 친하게 지내되 바닥을 보이지는 마라.

품질을 중시하는 문화를 만들어라

팀워크가 좋고 단결이 잘되는 팀은 자부심이 높다. 그 높은 자부심이 보통의 능력을 가진 팀을 비범하게 만들고, 팀 목표를 달성하는 에너지로 작용한다. 자부심이 한껏 높아 있을 때는 패배의식이 자리할 곳이 없다. 사막 한가운데 호수를 만드는 일이 주어지더라도 달려들 기세가 된다. 이런 에너지를 만들어내는 것도 중요하지만, 이 에너지를 어떻게 유지하고 활용하는가도 그에 못지않게 중요하다.

높은 팀워크가 에너지를 문제해결과 임무완수에만 쓰고 있다면 아깝다. 그 정도의 일은 팀워크가 높지 않아도 할 수 있는 일이다. 많은 관리자들은 높은 팀 에너지를 활용하기 위해 자꾸 새로운 일을 끌어오고 있다. 그런데 팀원들은 과도한 업무를 원하는 것이 아님을 알아야 한다. 팀원들은 단지 단결된 힘에 매혹되어 있는 것이다. 높아진 팀워크가 일에 대한 욕심으로 잘못 이해하여 업무부하만 높이면 팀은 피로해진다. 또한, 당신이 팀원보다는 실적만 챙긴다는 오해를 받을 수 있다. 팀워크는 예민한 존재다. 정말 사소한 오해로 무너진다.

팀워크를 통해 형성된 에너지를 어디에 쓸 것인가?

품질에 연결하는 것이 좋다. 즉, 품질기준을 팀의 자존심과 연결시켜라. 일정수준 이하의 결과는 절대 용납하지 않겠다는 내부적인 합의를 이끌어내고, 그것을 달성하지 못하는 것은 팀의 불명예로 삼아라. 이 내부적인 품질기준이 또다시 열정을 이끌어낼 것이다.

● 품질향상을 해야 할 일로 만들지 말고 도전할 과제로 만들어라.

조직에서 선택하는 공유가치들

- 책임감, 신뢰
- 인성
- 고객지향성
- 원활한 의사소통
- 다양성
- 지속적 발전
- 창의성
- 혁신
- 탁월함, 경쟁력
- 공익과 사회기여, 사회적 책임

- 지식창출과 공유
- 높은 경제적 성과
- 성실, 신용
- 리더십
- 직업윤리
- 생산성, 효율성
- 팀워크, 공동체 의식
- 높은 수준의 품질
- 시장을 주도하는 기술개발

팀장 혼자서 공을 독차지하지 마라

당신이 관리자가 되기 전, 뛰어난 능력을 보이고 회사에 성과를 잘 어필하는 사원이었다면 관리자가 된 지금 그 성과를 개인이 아닌 팀의 공으로 돌리는 것이 필요하다. 팀워크에는 '같이 일하고 함께 공을 나눈다'의 암묵적 합의가 바탕이 되어 있다. 이것을 무시하고 팀의 성과에 따른 공을 사원 시절처럼 당신 혼자 독차지한다면 이후로 팀원들의 적극적인 협조는 더 이상 기대하기 어렵다.

혼자 공을 독차지하는 태도는 사원 단계부터 회사생활을 차근차근 밟아온 관리자보다는 외국의 MBA이나 박사학위를 받고 곧바로 영입된 관리자들에게서 자주 나타나는데, 자신의 능력을 어필하려는 욕구가 강하고 이전부터 주목받는 것에 익숙해져 있기 때문에 성과나 공을 다른 사람과 나누는 태도가 부족한 편이다.

성과를 팀원에게 돌리면 팀원들의 로열티가 올라갈 뿐만 아니라 팀 성과로 인한 당신의 평가도 올라간다. 게다가 회사 입장에서는 팀을 통해 인재를 길러낸 당신의 인력개발 능력에도 높은 점수를 줄 것이다. 높은 로열티 속에 진행되는 임무는 그 완수속도가 빠르고 결과물도 좋다. 공을 포기하는 대신 팀원의 마음을 얻어라. 당신과 비슷한 생각을 하며 팀의 임무에 임해줄 사람을 얻기란 쉽지 않다.

• 팀의 공을 독차지하는 것을 넘어 팀원의 공을 가로채는 상사들도 많다. 당신은 그런 유형인가?

수평적 네트워크 구조로
외부 변화와 위험에 대처하라

기업은 조직을 포함한 기업 내 많은 자원들을 통합하려 하고, 가급적 중복을 줄이려 한다. 이는 관리상의 효율 때문이다. 거기에는 중복투자 문제, 인력잉여의 문제, 보안상의 문제 등의 통합을 통해 해결할 수 있다는 판단이 들어 있다.

통합이라는 것이 분명 관리적인 면에서 이점을 주는 것은 사실이지만, 오로지 관리효율이라는 이유만으로 추진된 통합은 다음과 같은 부작용을 가져온다. 첫째, 유연한 외부변화에 취약하다. 통합된 시스템과 체계는 '관리효율'을 위해 최적화되어 있어서 자신의 체계를 건드리는 변화를 거부한다. 따라서 외부의 요구나 변화에 대응하지 못하고 체제를 고수하려고 한다. 경직된 시스템이 되고 마는 것이다. 둘째, 외부로부터 의도적인 공격을 당하거나 내부 조직원에 의해 문제가 발생되면 전체 시스템이 불안정해지고 붕괴위험이 커진다. 물리학자 알버트 라즐로 바바라시는 이것을 수학적으로 증명하기도 하였다. 만약 잘 통합된 조직에서 조직내부의 어떤 사람이 보안상의 문제를 발생시켰다고 가정하자. 체제가 클수록 내부에 일어나는 변화나 오류에 대한 민감도가 낮아지기 마련인데, 문제는 그것이 발견될 즈음에는 문제가 아주 심각해져 전체 시스템에 치명적인 타격을 준다는 점이다. 은행 내부직원에 의한 대형 횡령사건이 발생하여 은행에 큰 손해를 입히는 사례가 바로 이것을 설명해준다.

그래서 요즘 일각에서는 네트워크 조직을 대안으로 내세우고 있다. 일부 중복된 기능과 약간의 무질서를 허용하는 네트워크형 조직이 위에 제시한 통합 시스템의 허점을 보완할 수 있고, 요소 간 시너지를 기대할 수 있는 구조로 보는 것이다. 그리고 소통과 공유를 강조하는 시대정신에 더 부합한다고 여겨지고 있다.

이것을 회사조직에 비추어보면, 일반적으로 회사의 각 세부조직은 맡은 역할에 따라 위계적으로 조직되는 것이 보통이다. 이런 위계적 조직은 통합관리를 염두에 둔 조직구조이다. 체계적인데다 중복이 없어 효율적이고 깔끔하게 보일 수 있지만, 앞서 지적했던 대로 가장 위험에 취약하다. 그 이유는 어느 한 부분에서 문제가 발생하면 그 구조 내에서 그것을 보완하거나 대체할 것이 없기 때문이다.

반면, 팀 구조는 구성원 간 위계적 구조보다는 수평적 네트워크 구조를 갖는 것이 보통이다. 따라서 팀원 간 맡은 역할이 일부 중복되기도 한다. 이를 두고 중복과 비효율을 지적하는 사람들이 있지만, 오히려 이 중복이 서로 업무이해를 높이는 교집합으로 작용한다.

당신의 팀을 네트워크 구조로 운영해보라. 두 팀원의 업무가 일부 중복되었다고 해서 그것을 없애고 최적화하려 하지 말고, 어느 정도는 중복을 허용해두어라. 그러면 한 사람의 일시적 결원으로 인해 기능이 마비되는 것을 예방할 수도 있다.

● 역할중복에 의한 비효율이 팀원을 휴가를 보내고 난 후에도 당신의 마음을 편하게 해줄 것이다.

부하직원의 단점을 개선하기보다는 강점을 강화하라·

커피전문점에서 노트북을 펴놓고 업무를 보고 있는데, 옆자리에서 20대 여성 2명이 면접연습을 하고 있었다. 면접관이 물어볼 예상문제를 만들어두고 역할을 바꾸어가며 서로 묻고 대답하기를 하고 있었는데, 그 예상문제 중 하나가 자신의 장점을 소개하는 것이었다. 한 여성은,

'저는 긍정적인 것이 장점입니다. 고객을 만났을 때 긍정적인 면을 보여주어……'

다른 한 여성은,

'저는 사교적인 것이 장점입니다. 낯선 사람을 대하는 것에 거부감이 없으며……'

로 대답을 시작하였다. 누구나 쉽게 제시하는 성향과 태도를 장점으로 내세우고 있었다. 내세운 성향을 정말 장점으로 여기

고 있는지 알 수는 없지만, 이후의 내용들도 구체적이지 않았던 것을 보면 자신의 재능을 잘 알지 못하고 있다는 생각이 들었다.

스스로 어떤 재능을 가지고 있는지 제대로 알지 못하는 현상은 이 두 여성처럼 취업준비를 하는 사람들에게만 해당하는 것은 아니다. 직장인들도 자신의 재능을 잘 모르는 경우가 많다. 업무에서 지속적인 성공의 경험과 눈에 띄는 실적을 올린 사람들은 예외겠지만, 대부분의 사람들은 자신의 재능을 구체적으로 아는 경우가 드물다.

당신의 부하직원들도 마찬가지일지 모른다. 재능은 제3자의 시각에서 더 잘 보일 때가 있다. 상사인 당신이 부하직원의 재능을 알아보고 계발해주면 부하직원의 자부심은 크게 올라갈 것이고, 충성도도 상당히 상승할 것이다. 자신도 몰랐던 재능과 잠재력을 계발해준 당신을 구루(guru)로 삼고 더 많은 기대를 하게 될 것이다.

● 많은 사람들은 자신의 단점에 갇혀 재능과 잠재력을 보지 못한다.

| TIP | **개인의 강점을 발견하는 방법을 알려 주는 책**

① 『**위대한 나의 발견 강점혁명**』(2005)

- 마커스 버킹엄, 도널드 클리프턴 공저
- 원제 Now, Discover Your Strengths
- 개인 강점을 34개로 분류하여 각 강점의 특성과 활용에 대한 해설이 있다.
  strengthfinder라는 진단에 대한 이론적 배경을 설명한다.

② 『**나는 무엇을 잘할 수 있는가 : 내 안의 강점 발견법**』(2008)

- 구본형변화경영연구소 저(구본형 외 7인)
- 구본형변화경영연구소의 연구원 7명이 각각 개인의 강점을 찾는 방법론을
  제시하고 있다.

③ 『**나를 명품으로 만들어라**』(2007)

- 리처드 N. 볼스 저/원은주 역
- 원제 What color is your parachute?
- 회사 입사에 성공하기 위한 강점 어필 방법을 잘 다루고 있다. 자신의 강점을
  찾는 270여 개의 키워드를 제시하고 있다.

인재 양성에 대한 리더의 전략

부하직원은 당신이 자신을 어떻게 성장시킬 것인가 관심이 많다. 직원들이 회사를 다니는 목적은 돈을 버는 것만은 아니다. 자아실현과 성취욕구를 일을 통해 이루고자 하는 것이다. 따라서 자신의 일 속에서 성장할 수 있는 기회를 찾고 있고, 자신의 상사가 그런 기회를 만들어주길 희망한다. 반면, 회사도 늘 인재에 대한 갈망이 있다. 스타급 인재는 아니더라도 회사 각 분야에서 확실하게 제 몫을 해줄 수 있는 인재를 원한다.

부하직원의 성취욕구와 회사의 인재 갈망 사이에서 양측의 니즈를 충족시킬 열쇠는 바로 관리자인 당신에게 있다. 양쪽의 니즈를 충족시킬 수 있는 방법은 간단하다. 부하직원을 인재로 키우면 된다. 그러기 위한 몇 가지 방법을 소개한다.

첫째, 부하직원이 돋보일 수 있는 기회를 주어라. 즉, 인재로 드러날 기회를 주어 회사가 주목할 수 있게 하는 것이다. 그러기 위해서는 부하직원의 내재된 우수성을 발견하는 것이 선행되어야 한다. 앞서 이야기했던 것이지만, 직원들은 자신도 못 느낀 우수성을 상사가 발굴해주면 상사와 회사에 대한 로열티가 올라간다. 옆에서 지켜보는 다른 직원들도 비슷한 기회가 올 것으로 기대하게 되어 팀의 사기가 상승하는 부수적 효과도 얻는다.

둘째, 모든 면에 완벽하게 만들려 하지 말고, 어느 하나에 탁월해지도록 만들어라. 많은 관리자들이 자신을 포함해서 부하직원을 개발할 때, 장점을 강화하기보다는 약점을 커버하기 위한 조치들을 취한다. 하지만 이것은 들인 노력과 시간투자에 비해 효과가 적은 일이다. 약점은 놓아두고 강점강화에 더 투자해서 어느 한 부분에 탁월한 능력을 발휘하도록 해주는 것이 좋다.

셋째, 부하직원 개발에 있어 특정한 각본을 짜놓고 팀원을 거기에 맞추려고 하지 마라. 많은 관리자들은 자신이 성공한 방법과 사례에 대해 특별한 믿음 같은 것이 있다. 속칭 FM이라고 하는 '유일한 최선의 방법'을 정해두고, 그것만 따르면 누구나 성공할 수 있다는 신념을 갖고 있다. 하지만 한 가지 방법만 주장하고 그것을 적용시키려 들면 부하직원의 저항에 부딪히고, 결국 실패한다. 그 실패의 책임을 당신의 말을 듣지 않는 부하직원에게 돌리고 그를 몰아붙이고 싶겠지만, 그것은 명백히 당신의 책임이다. 사람들은 재능이 다르므로 능력을 발휘하는 포인트도 다를 수밖에 없는데, 당신은 그것을 인정하지 않고 유일한 방법만 강요했기 때문이다. 유일한 최선의 방법 강요는 부하직원의 창의성과 자발성을 오히려 죽이고 성과도 떨어뜨린다. 그저 당신의 말을 잘 듣는 사람으로 거발하겠다면 당신의 방법만 강요하라.

● 부하직원의 강점을 펼치는 것이 목적이라면 가끔은 단점이 가져오는 문제를 용인하는 것도 필요하다.

당신의 시간을 할당하는 데도 전략이 필요하다

팀원과 보내는 시간에도 원칙이 필요하다는 것을 아는가? 원칙 없이 팀원에게 시간을 할당하면 당신도 모르는 사이에 팀원들의 불만이 쌓인다. 즉, 당신의 객관성이 의심받게 되어 이후에 당신이 내리는 조치나 지시를 신뢰하지 않는다. 따라서 부하직원 한 명으로 구성된 팀이 아니라면 시간 할당에 일정한 원칙을 정할 필요가 있다. 현재 당신이 특정 팀원에게만 많은 시간을 할애해주고 있다면 다른 팀원들은 위화감을 느낀다. 위화감이 단지 특정 팀원에게 많은 시간을 쓰고 다른 팀원에게 골고루 시간을 분배하지 않는다고 해서 생기는 것은 아니다. 시간 할당이 무원칙적으로 이루어질 때 그렇게 되는 것이다. 따라서 시간 할당의 원칙을 팀원들이 은연중에 알 수 있게 해주는 것이 필요하다. 팀원들에 대한 시간 할당은 팀 공헌도가 높고 임무에 성실히

임하는 팀원에 더 많이 해주도록 한다. 많은 관리자들이 문제를 발생시키고 어려움을 겪는 팀원에게만 매달리는 경향이 있다. 발생한 문제는 해결해야겠지만, 오로지 이런 팀원들에게만 모든 시간을 빼앗기고 있으면 팀을 생산적인 방향으로 이끄는 데 기여하지 못한다. 팀 공헌도가 높은 직원에게 더 많은 시간을 씀으로 해서 얻게 되는 효과는 첫째, 그 팀원의 강점을 더 살림으로써 탁월한 능력을 길러줄 수 있다. 강점을 잘 발휘하여 좋은 성과를 거두고 있다면 그 강점을 더 강화시켜주어 업무에서 탁월한 인재가 되게 해주는 것이다. 둘째, 그 직원의 업무 노하우를 발전시켜 팀의 노하우로 발전시킬 수 있다. 업무 노하우는 다른 팀원이 비슷한 업무를 하게 되었을 때 시행착오를 줄여주는 효과가 있다. 개인 차원의 노하우를 더욱 체계화해서 누구라도 적용할 수 있게 개발한다. 셋째, 팀원이 가진 아이디어를 구체화할 수 있다. 임무에 성실히 임하는 팀원은 그 일 자체에 대한 몰입도가 높은 상태이다. 따라서 업무에 대한 아이디어도 많을 수밖에 없다. 그런 아이디어를 같이 공유하고 구체화하면 결정적인 성과를 가져오는 아이디어를 발견할 수도 있다. 팀원에 대한 시간 할당은 팀에 공헌도에 따라 이루어진다는 원칙을 각인시켜라. 그리고 그 원칙을 당신이 지켜야 한다.

● 기계적으로 시간을 똑같이 배분하는 게 공평해 보일지는 모르지만, 무책임하고 성과 낮은 할당 방법이다.

팀 공헌도는
눈에 보이는 것이 전부가 아니다

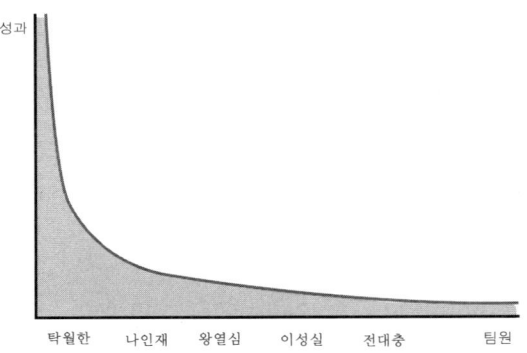

위의 그래프를 어떻게 보았는가? 80:20 법칙을 떠올렸는가? 상위 20%가 80%의 성과를 올린다는 법칙 말이다. 그렇게 보았다면 당신은 훌륭한 직원이다. 그런데 그것만 보았다면 당신은 훌륭한 관리자가 되기엔 좀 부족하다. 훌륭한 관리자는 롱테일에도 주목한다. 즉, 가시적인 성과가 작은(롱테일에 해당하는) 사소한 일을 누군가가 해주기 때문에 다른 누군가가 80% 성과를 가져오는 일을 할 수 있다는 해석도 할 수 있어야 한다. 롱테일에 있는 직원들은 서포터일 가능성이 높다. 이들의 가치를 눈여겨보아야 한다. 이들은 핵심인재의 들러리가 아니다. 이들은 팀의 뒤를 살피면서 나중에 문제가 없도록 문단속하며 따라오는 사람들이고, 남들이 기피하는 밑바닥 일을 담당함으로써 팀 업무가 원활하게 진행될 수 있도록 기여하는 사람들이다. 실적을 통해 그들의 가치를 증명할 수는 없지만, 이들의 활동 때문에 팀에서 발생하는 손실이 최소화되고 팀이 시너지를 낼 수 있는 것이다. 사소한 것들을 소홀히 하는 바람에 문제가 발생하는 경우가 빈번한데, 이들의 활약을 통해 그 문제 발생이 억제되고 있는 것이다. 마치 등자(鐙子)의 역할에 비유할 수 있을 것이다. 등자는 기병이 적을 공격할 때 쓰이는 창이나 검, 기병을 보호할 때 쓰이는 갑옷이나 방패처럼 싸움에 직접적인 역할을 하지 않지만 말을 타고 앉아 두 발로 디딜 스 있게 해줌으로써 공격시 힘을 집중할 수 있게 해준다. 사소한 기능인 듯하지만 말을 타고 싸울 때 결정적인 역할을 해주는 도구인 것이다. 칭기즈 칸이 세계를 평정할 수 있었던 데는 이 등자가 있었기 때문이었다고 할 정도이다. 마찬가지로 롱테일에 있는 팀원들이, 사소하지만 기본적인 일을 맡아주고 있기 때문에 이들을 등자로 해서 고성과자들이 팀의 성과를 높이는 일에 힘을 집중할 수 있는 것이다. 또한 롱테일에 있는 팀원들 중에는 눈에 보이지 않는 가치에 열심을 다하는 팀원들이 있다. 이들은 업무 프로세스를 개선하거나 문서화를 통해 사소한 지식이라도 남기고 공유하려고 한다. 이들의 노력에 관심을 기울여야 한다. 자신의 몫을 잘 해내고자 최선을 다하는 이들의 노력을 통해 팀의 경쟁력이 강화되기 때문이다.

● 팀 단체사진에서 주로 눈에 띄지 않은 포지션에 있는 팀원이 롱테일에 있을 가능성이 크다.

롱테일에 대해

파레토 법칙에 의한 80:20의 집중현상을 나타내는 그래프에서는 발생확률, 혹은
발생량이 상대적으로 적은 부분이 무시되는 경향이 있었다. 그러나 인터넷과 새
로운 물류기술의 발달로 인해 이 부분도 경제적으로 의미가 있을 수 있게 되었는
데, 이를 롱테일(The Long Tail)이라고 한다. 이는 기하급수조으로 줄어들며,
X축으로 길게 뻗어나가는 그래프의 모습에서 나온 말이다. 2004년 와이어드지
10월호에 크리스 앤더슨에 의해 처음으로 소개되었으며, 이후 책으로 나와 베스
트셀러가 되었다. 이러한 분포를 보여주는 통계학적 예로는 부의 분포, 단어의
사용빈도 등이 있으며 크리스 앤더슨에 의해 소개된 롱테일 부분을 경제적으로
잘 활용한 사례로는 아마존의 다양한 서적 판매 사례 등이 있다. 미국에서는 일반
적으로 대문자를 쓴 문구인 'The Long Tail'로 표기하고 있으며 한국에서는 '롱
테일', 혹은 '롱테일 현상', '긴꼬리 효과' 등으로 쓰이고 있다

위임을 하더라도
관리는 확실하게

위임은 말 그대로 자신의 업무나 활동을 다른 사람에게 맡기는 것이다. 당신의 업무 위임능력이 상사로서의 능력을 좌우한다. 그런데 위임을 잘하기 위해서는 상하 간 신뢰가 중요한데, 이것은 결국 리더십에 의해 결정된다. 부하직원들과의 평소 관계가 중요한 것이다. 위임을 하는 주된 목적은, 중요도가 낮은 업무에 대한 부담을 덜어 중요한 업무에 집중할 시간을 벌기 위함이다. 위임한 상대의 능력과 지식, 경험을 이용하면 당신이 직접 하는 것보다 더 나은 결과를 얻을 수도 있다. 또한 위임을 통해 부하직원의 능력, 주도성, 자립심, 경쟁력을 향상시키는 기회를 만들 수도 있다. 위임을 잘하는 방법은 3장에서 소개했으니 그 부분을 참고하고, 이번 장에서는 위임에 실패하는 이유에 대해 알아보도록 하자.

첫 번째 이유는 위임을 꺼리기 때문이다. 위임 자체를 거부하거나 위임을 하더라도 충분한 만큼 하지 않는 것이다. 다음의 이유 때문에 많은 상사들이 위임에 대해 거부감을 갖는다.

- 바쁜 일정에 쫓겨 위임할 업무를 설명하거나 통제할 시간이 없다.
- 위임하는 것보다 직접 하는 것이 더 빠르다고 생각한다.
- 자신의 손에서 일을 놓자마자 그 일에 대한 통제가 불가능하게 될까 우려스럽다.
- 부하직원의 능력을 믿을 수가 없어 굳이 위험을 감수하고 싶지 않다.
- 부하직원이 거부할까 봐 주저하게 된다.

두 번째 이유는 위임할 수 없는 것을 위임하기 때문이다. 다음의 업무들은 상사가 직접 해야 하는 본연의 업무이다. 이런 업무들은 위임하지 않도록 한다.

- 목표설정, 정책결정, 결과통제 등 직위에 따른 본연의 업무
- 부하직원의 지도 및 동기유발
- 설명하거나 검토할 시간도 없이 긴박한 업무
- 기밀사항

세 번째 이유는 적절한 위임대상 선정에 실패했기 때문이다.

사람과 맡길 일이 있다고 해서 위임을 할 수 있는 것이 아니다. 다음의 요소들을 고려하여 위임대상을 선정하고 적합한 사람에게 업무를 맡겨야 한다.

- 업무나 활동을 감당할 능력을 가지고 있는가?
- 시간적 여유가 있는가?
- 업무에 도전적인 태도를 가지고 있는가?
- 경력에 도움이 되는 실질적인 경험을 쌓을 필요가 있는가?
- 그 일에 대한 충분한 능력을 가지고 있는지 시험이 필요한가?

네 번째 이유는 당신 스스로 위임할 업무를 제대로 파악하지 못하고 있기 때문이다. 제대로 파악하지 못한 업무를 부하직원에게 맡길 수는 있지만, 관리는 되지 않을 것이다.

위임시 주지해야 할 사실이 있다. 그것은 바로 위임이 관리 포기를 의미하는 것이 아니라는 것이다. 즉, 그 업무를 직접 하지 않을 뿐이지 관리에 대한 책임마저 없어지는 것은 아니라는 말이다. 주기적으로 진행상황을 체크해서 위임한 업무가 잘 마무리될 수 있도록 하는 것도 당신의 책임이다.

● 아무 생각 없이 역위임을 해오는 부하직원들이 있다.

리더는 직원의 일을 대신 하지 않는다

대단치 않은 임무를 빨리 처리하지 못하는 부하직원을 보는 당신의 심정은 안타까운 마음 반 답답한 마음 반일 것이다. 그런 상황에서는 '차라리 내가 하고 말아?' 라는 생각이 스치기 마련이다. 당신이 맡긴 임무를 그 부하직원이 빨리 처리하지 못하는 것은 기본적인 업무능력이 떨어져서 그럴 수도 있고, 그 임무가 익숙지 않아서일 수도 있다. 원인이야 어찌되었든, 대신 그 일을 해서 빨리 끝내고 싶은 마음은 같을 것이다. 이때 생기는 대리수행의 유혹을 떨쳐내야 한다.

일을 대신 해주는 것은 단기적으로는 빠른 결과를 얻을 수 있어서 이득인 것처럼 보인다. 하지만 그 부하직원의 독립적인 업무수행 능력을 향상시키지 못해 나중에 다른 임무를 맡길 때에도 망설이게 된다면 오히려 손해인 셈이다.

부하직원들의 직무역량을 길러주는 것은 관리자의 중요한 임무이다. 특히 문제해결 능력과 결과에 책임지는 태도를 갖추게 하는 것은 회사 입장에서도 매우 중요하다. 따라서 부하직원의 임무를 대신 해주는 것은 장기적 관점에서 시간관리를 잘하는 것이라 할 수 없고, 조직에도 득이 되지 않는다. 현재의 잠재적 문제를 미래로 유보한 것뿐이다. 부하직원의 독립적 업무수행력이 떨어지면 당신의 개인능력에 대한 의존도가 커지게 되고, 결국 팀이 낼 수 있는 성과는 한계를 드러낸다.

새로운 임무를 부여했으면 수행속도가 다소 느리더라도 부하직원의 업무능력을 향상하는 과정으로 여기고 기다려주어라. 물론 반복적으로 수행하는 업무임에도 불구하고 수행속도를 개선하려는 노력이 보이지 않는다면 단호하게 지적해주어야 한다.

● 입으로 일하는 직원과 손발로 일하는 직원을 구분하라.

| TIP | 부하직원이 업무를 완수하고 있지 못하면

– 마감시간과 업무의 결과 수준에 대해 정확한 지침을 주었는지 생각해보라.
– 당신이 이야기한 마감시간과 업무의 결과 수준에 대해 부하직원이 정확히 인지하고 있는지 확인하라.
– 완수 기준을 맞추지 못했을 때 발생할 결과를 이야기해주었는지 생각해보라.
– 완수하지 못한 이유가 동기부족 때문인지, 능력부족 때문인지 밝히고 대처하라.

몰라서 시간낭비 하는 일이 없도록 조치하라

어떤 일을 맡겼을 때 수행할 수 없는 이유는 2가지가 있는데, 첫 번째 이유는 관련 재능이 없어서이다. 관련 재능이란 타고난 능력이나 태도를 의미한다. 이것은 인성·적성검사를 통해 어느 정도 드러나며, 직원의 평소 습관이나 태도에서도 발견할 수 있다. 재능이 없는 경우는 아무리 노력을 해도 일정 수준 이상의 성과가 나지 않는다. 예를 들어 사람을 만나 이야기하는 것보다 특정 주제를 놓고 혼자 연구하는 적성을 가진 사람에게 세일즈 업무를 맡겼다고 해보자. 그 사람 스스로 각고의 노력을 기울이지 않는다면 눈에 띄는 성과를 기대하기 어렵다. 그래서 많은 기업들이 직원들의 직업적 적성과 직무를 일치시키기 위해 노력하는 것이다.

두 번째 이유는 해당 지식이 없거나 기술이 부족해서이다.

만약 부하직원이 부여한 임무를 수행하지 못하는 이유가 이것 때문이라면 교육이나 훈련 등을 통해 관련 지식과 기술을 익힐 수 있는 기회를 제공해야 한다. 노동부에서는 고용보험을 통해 기업의 직원교육을 지원하고 있고, 많은 교육기관들이 고용보험으로부터 교육비를 환급받을 수 있는 과정을 만들어 운영하고 있으니 이런 정보들을 입수하여 팀원 교육·훈련에 활용하면 좋다. 간혹 상사에게 자신의 능력이 낮게 평가되는 것이 두려워 무지한 상태를 숨기는 부하직원들이 있다. 이런 현상은 특히 신입사원들에게 많이 나타나는데, 당신이 어떤 임무를 부여했을 때 신입사원들은 무지를 숨기고 일단 업무를 수락하고 본다. 그러고 나서 해결의 포인트를 찾지 못하고 헤매다가 결국 포기하고 만다. 이런 사태를 막기 위해서는 임무를 부여할 때 필요한 지식이나 기술을 가지고 있는지 우선 확인하고 필요한 조치를 해주는 것이 좋다. 임무 완수 목적 이외에도 업무와 관련한 지식, 기술의 제공은 조직의 시간관리 차원에서도 의미가 있다. 지식이나 기술 없이 어떤 임무에 덤벼들면 수많은 시행착오를 겪게 되어 활동을 완수하는 데 시간을 과도하게 쓰게 되는데, 이런 낭비를 피할 수 있기 때문이다.

● 재능이 없어서 성과가 안 나는 것은 교육, 훈련으로도 극복하기 어렵다.

집중하기 어려운 환경이
팀의 생산성을 저하시킨다

　요즘 홈퍼니 경영이 중요한 경영의 화두로 떠오르고 있다. 좋은 업무환경이 높은 성과로 이어진다는 증거는 여러 기업들의 사례를 통해 나타나고 있다. 구글과 마이크로소프트의 업무환경이 화제가 된 것은 이미 오래된 이야기고, 그 외에 많은 기업들도 관심을 갖고 업무환경 개선에 투자하여 생산성을 높이기 위한 노력을 하고 있다. 2008년 4월 22일 온라인 취업사이트 사람인에서 20~30대 중소기업 직장인 712명을 대상으로 한 조사에 따르면 '집처럼 편안한 근무환경을 만드는 홈퍼니 경영에 대해 어떻게 생각하는가?' 라는 설문에 85.1%가 '긍정적' 이라고 답했다. 그리고 그 이유로 '직원을 배려하는 것이기 때문에' (29.5%)와 '업무 스트레스가 줄어들 것 같아서' (29.4%)란 응답이 많았다. 또한, 2008년 6월 2일에는 잡코리아와 비즈

몬이 20~30대 직장인 723명을 대상으로 직장 환경에 대한 조사를 실시하였는 데 '현재 근무하고 있는 사무실에 만족하는가'라는 설문에 52.1%가 '만족하지 않는다'고 응답했다. 사무실 환경에 불만족한 직장인들에게 좋지 못한 사무실 환경이 업무에 영향을 주는지를 묻는 질문에서는 68.8%가 '영향을 받는다'고 답했다. 응답자 중 25.6%는 사무실 환경 때문에 퇴사나 이직을 고려하게 된다고 답할 정도로 사무실 환경을 근무에 있어 매우 중요한 요소로 꼽고 있었다. 이들 조사들은 좋은 근무 환경이 생산성과 회사의 충성도에 큰 영향을 주고 있음을 알려주고 있다.

당신이 회사 경영진이 아닌 이상 전사 차원의 복지혜택을 부하직원들에게 베푸는 것은 어렵다. 하지만 업무수행에 있어서 불편하지 않도록 지원해주는 정도는 가능하다. 예를 들면 집중근무시간을 정해두고 그 시간 동안은 팀원 중 한 사람이 회사에 걸려오는 모든 전화를 받게 한다거나, 어떤 팀원의 책상이 출입문 방향으로 있어서 오가는 사람들 때문에 신경을 빼앗기고 있다면 그의 자리를 다시 조정해줄 수 있다. 이 외에도 팀원들로부터 집중력을 높이는 환경을 갖추기 위한 아이디어를 모아 그것을 실행하는 것도 좋은 방법이다.

● 고요한 환경이 모두에게 좋은 것은 아니다. 다소 소음이 있는 환경에서 집중이 잘된다는 사람들도 많다.

| TIP | **홈퍼니에 대해**

홈퍼니(Homepany) : '홈퍼니(Homepany)'란 '집(Home)'과 '회사(Company)'
의 합성어로 직원들에게 다양한 복지혜택을 제공하는 등 '가족친화경영'을 실천
하는 회사를 말한다.

리더의 시간관리 실패는
팀의 실적 저하로 나타난다

　부하직원의 시간관리 실패는 팀의 실적에 영향을 줄 수 있다. 일부 팀원은 너무나도 많은 활동이 하루 일정을 꽉 채우고 있어서 활동 조정에 어려움을 겪고 있을지도 모른다. 즉, 스케줄링 요령이 없어 시간관리가 안 되고 있는지도 모른다는 것이다. 신입사원의 경우 자신의 업무능력을 모르는 경우가 대부분일 뿐 아니라 중요성의 기준을 파악하지 못하여 업무일정을 잡지 못하기도 한다. 업무활동에 대한 스케줄링이 실패하면 당장 팀 전체에 영향을 미칠 수 있으므로 이런 문제를 겪는 팀원이 있는지 당신이 점검해보고 일정관리에 대한 기본을 코치해주도록 한다. 부하직원이 일정관리를 잘할 수 있도록 다음의 방법들을 가르쳐주어라.

　첫째, 쓸데없는 활동을 버리게 하라. 당장 해야 할 일, 조금

미룰 수 있는 일, 하지 않아도 되는 일을 구분했는데도 당장 해야 할 일이 너무 많다면 시간부족은 여전할 것이다. 이런 경우는 우선 중요성이 낮은 활동을 골라내서 버리게 해야 한다.

시간관리는 공간을 정리하는 것과 비슷한 면이 있다. 공간정리의 달인들은 '짐을 최소화하는 것'을 정리를 잘하기 위한 첫 번째 원칙으로 꼽는다. 그들은 1년 이내에 쓴 적이 없는 물건은 과감하게 버리라고 충고한다. 이렇게 안 쓰는 물건 버리기를 반복하다 보면 짐을 늘리는 버릇이 사라지고, 새로 물건을 살 때에도 계획적으로 하게 된다는 것이다. 가용한 공간에 물건을 효과적으로 배치하는 것은 그 다음 문제이다. 즉, 물건을 필요할 때 빨리 꺼내어 쓰고 보기에도 깔끔하도록 정돈하여 잘 배치하는 각종 비법들은 버리기를 한 다음에나 필요한 것이다. 스케줄링을 할 때도 마찬가지다. 우선 쓸데없는 활동부터 덜어낸다. 그래야 활동정돈에 들어갈 수 있다.

다음과 같은 질문이 도움이 될 것이다.

'건강상의 문제로 하루에 딱 3시간만 업무를 처리할 수 있다면 어떤 활동을 선택하겠는가?'

이를 자문하여 중요한 활동을 선택한 후 나머지는 버리도록 한다.

둘째, 남아 있는 활동을 다시 배치한다. 몰아서 처리할 수 있는 것은 묶고, 집중이 필요한 것은 가장 집중이 잘되는 시간에 배치한다. 계획한 활동의 60%는 오전에 모두 처리하겠다는 목표를 세워라. 인간의 생체리듬 상 오후 시간은 집중력이 현저하게 떨어진다. 전 단계에서 이미 쓸데없는 활동이 정리되었기 때문에 업무에 집중만 한다면 많은 시간을 만들 수 있다.

셋째, 일의 목표와 우선순위를 정하게 하라. 쓸데없는 활동을 버리고 활동들을 재배치하고 나면 우선순위를 정해 수행할 순서를 잡아야 한다. 그 우선순위에 따라 시간과 집중력 자원을 쓰면 성과가 높다.

넷째, 반복적인 업무에 대해서는 효율적인 수행방법을 찾아라. 아무리 자신의 업무가 변화무쌍하더라도 공통적으로 반복되는 활동은 있기 마련이다. 이런 것들을 처리하는 데 항상 똑같은 시간을 쓰고 있다면 한 번쯤 수행방법에 대해 의문을 품어야 한다. 늘 정해진 방식대로만 그 활동을 실행할 것이 아니라 효율적인 수행방법에 대해 여러 가지 아이디어를 내어 시도해본다. 예를 들면 고객의 질의에 대해 응답메일을 보내는 업무를 자주 한다고 할 때, 자주 묻는 질문에 대한 응답을 정리해서 몇 가지 메일 형식을 만들어두는 것이다. 보내는 사람에 따라 약간씩 수정해서 보내면 처음부터 메일을 작성하는 것보다 훨씬 시간을 절약할 수 있다.

● 체계적인 스케줄링을 하려면 활동목록부터 정리해야 한다.

화, 문제를 더 악화시키는 원인

과업을 하다 보면 문제가 발생하는 것은 필연적이다. 더욱이 팀이 하나의 과업만 수행하는 경우는 드물고, 여러 개의 과업을 동시에 진행하는 경우가 많다. 따라서 문제발생 가능성은 높을 수밖에 없다. 뜻하지 않은 문제가 발생했을 때 화가 나는 것은 당연한 반응이다. 특히 팀원의 사소한 실수나 부주의로 인해 문제가 발생한 것이라면 더더욱 그러할 것이다.

이 상황에서 팀원들에게 어떤 반응을 보일지 잘 선택해야 한다. 시종일관 분노를 표현하면 팀을 긴장시키고 팀원들을 주눅들게 한다. 이것은 문제해결에 전혀 도움이 되지 않는다는 사실을 알아야 한다. 왜냐하면 문제해결은 창의성을 요하는 일인데, 당신의 분노에 반응하여 주눅들면 두뇌활동이 경직되어 창의성이 발휘되지 못한다. 창의성이 발휘되지 않는다는 것은 지

극히 반사적인 행동만 하게 된다는 것을 의미한다. 또한, 팀원들은 문제를 회피하기 위한 방법만 찾고 분주하게 무엇인가 하는 듯 보이지만, 문제의 핵심에 접근하지 못하는 행동만 하게 된다.

이러한 반응은 진화심리학에서 잘 설명하고 있는데, 외부로부터 어떤 자극이 감지되면 우선 반응하는 것이 더뇌변연계의 편도체이다. 받아들인 자극이 낯설고 위험스럽게 느껴지면 가장 익숙하고 습관화된 행동으로 자신을 보호하려고 한다. 그 자극의 원인을 분석하고, 그에 대한 대응을 생각는 것은 그 다음이다. 만약 두려운 감정이 강하면 자극을 다시 돌아볼 생각도 없이 그저 보호하는 행위만 강화하게 된다.

문제발생시 분노를 표현하는 것이 만성화되어 있다면 또 다른 부작용이 생긴다. 팀원들이 문책당하는 것을 두려워하여 도전적인 임무를 기피하게 되고, 책임질 어떤 판단드 하지 않으려 든다.

따라서 일단 문제가 발생하면 '팀원이 저지른 실수 때문에 일보 후퇴할 수 있다'는 마음을 먹고 문제해결에 집중해야 한다. 우선 팀 전체에 문제발생을 알리고 해결을 위해 아이디어를 모은다. 문제를 일으켜 의기소침해 있는 팀원에게는 개인의 문제가 아닌 팀 차원의 문제로 같이 힘을 모으면 해결할 수 있음을 알리면서 격려해주도록 한다.

제일 먼저 찾아야 할 것은 문제의 원인이다. 문제의 원인을 찾으면 50%는 해결된 것이나 다름없다. 원인을 발견하면 그에 대한 대응전략을 세우고 행동에 들어간다. 문제를 일으킨 팀원이 해결의 중추적 역할을 맡기는 것도 좋다. 그러면 책임감을 키워주는 것은 물론, 문제해결 능력에 자신감을 갖게 될 것이다.

팀원이 실수했다고 해서 모든 신뢰를 철회하고 방어적 태도로 돌아가서는 안 된다. 관리자인 당신도 그 실수에 책임이 전혀 없는 것이 아니기 때문이다. 팀원의 실수가 아닌 자질 부족으로 생긴 문제였다면 적합한 사람을 배치하는 데 신경쓰지 않은 당신의 책임이 더 크다.

● 정말 당신이 화를 낼 때는 팀원이 팀워크를 해치는 행위를 했거나 그런 태도를 보일 때, 팀의 공통가치를 무시했을 때, 팀원 간 신뢰를 깨는 행위를 했을 때이다.

실패의 책임을
부하직원에게 전가하지 마라

발생한 문제가 심각하다면 당신도 상사에게 보고해야 한다. 사소한 문제는 당신의 책임하에 해결하면 되지만, 심각한 문제는 해결이 가능하더라도 상사에게 보고해야 한다. 특정임무가 실패했을 때도 마찬가지다. 실패를 인정하고 싶지 않은 마음에 실패를 숨기거나 덮으려는 행위는 오히려 일을 키우는 결과를 가져온다.

상사에게 보고할 때는 정확한 사실을 보고하는 것이 중요하다는 점은 강조하지 않아도 잘 알고 있을 것이다. 보고 시에 한 가지 유념할 것이 있다. 문제나 실패의 주요 원인이 특정 팀원의 잘못 때문이었다고 하더라도 모든 책임을 그 팀원에게 전가하지 말아야 한다. 당신이 실패의 직접적인 원인을 제공하지 않았더라도 그 팀의 책임자인 이상 실패의 책임에 자유로울 수 없다. 그런데 실패의 책임을 팀원에 모두 전가한다면 상사는 책임을 피하려는 당신의 태도를 읽을 것이다. 또한, 그런 사실을 팀원들이 알게 되면 당신에 대한 로열티와 신뢰를 거둘 것이다. 전쟁에서 패전하여 퇴각할 때 혼자만 살길을 찾는 지휘관의 모습과 다르지 않기 때문이다. 이렇게 훼손된 리더십은 회복하기 힘들다.

야구선수 김민재(한화 이글스 유격수)는 한 일간지 인터뷰에서 이런 말을 했다.

"야구는 비는 시간이 많은 스포츠다. 그렇다 보니 생각이 많다. 특히 못 쳤을 때 그렇다. 왜 못 쳤을까 고민이 떠나질 않는다. 그런 고민이 길어지면 꼭 실책이 나온다. 누군가 그런 분위기를 잡아줘야 한다. 카리스마로 집중력을 갖게 하건, 부드럽게 풀어주건 어떤 식으로든 리더 역할을 해줄 선수가 필요하다."

관리자는 이런 리더의 역할을 해줄 수 있는 사람이다. 부하직원들이 자신의 실패와 실수를 극복하고, 제 페이스를 찾을 수 있게 해주는 리더 말이다.

부하직원들이 가장 힘을 얻는 순간은 언제일까?

'하고 싶은 대로 한번 추진해봐. 문제가 생기면 책임은 내가 질 테니까!' 라는 말을 들었을 때다.

● 부하직원들은 신뢰를 받아야 맡은 일을 해내는 것이 아니라 신뢰를 준 보답으로 일한다.

프로젝트를 추진할 때는
도전적이고 파급 효과가 큰 것을

인간은 기본적으로 실패에 대한 두려움이 있다. 더욱이 성공에 대한 불확실성이 큰일을 앞에 두고 있으면 그것을 하겠다고 선뜻 나서기 어렵다. 하지만 팀을 책임지고 있는 당신은 부하직원들의 능력개발에도 책임이 있다.

안토니 벨의 저서 『그레이트 리더십』에서는 관리자인 당신이 갖추어야 할 리더십으로 3가지를 제시하고 있다. 조직적 리더십, 운영적 리더십, 인력적 리더십이 그것이다.

① **조직적 리더십** : 조직의 방향(조직의 의도와 비전)과 거기에 도달할 수 있는 질적 수단(조직의 가치)을 분명하게 밝히는 것이다. 한마디로 조직이 올바른 방향으로 나아가는지에 집중한다.

② **운영적 리더십** : 계획수행과 운영적 우수성에 초점을 둔다. 운영적 리더십은 조직적 리더십이 정한 방향을 따르고, 그

방향으로 나아가는 가장 효과적인 방식을 찾아내는 것이다.

③ **인력적 리더십** : 자신이 이끄는 사람들이 최대의 능력을 발휘할 수 있도록 유도하는 것이다.

자동차 여행에 비유하면 조직적 리더십은 자동차를 타고 여행을 떠나는 이유(의도나 사명)를 명시하고 여행의 목적지(비전)을 확인하는 것이고, 운영적 리더십은 앞으로 나아가도록 에너지를 공급하는 엔진을 갖고 자동차의 모든 부분이 제 기능을 발휘하게끔 하는 것이다. 인력적 리더십은 자동차에 탑승한 사람들에 역점을 두는 것이다. 대부분의 사람들은 리더십을 생각할 때 조직적 리더십과 운영적 리더십만 핵심으로 여기지만, 안토니 벨은 인력적 리더십도 간과할 수 없는 리더십으로 강조하고 있다. 따라서 당신은 부하직원의 능력개발을 위해 큰 파급효과가 있고, 도전적인 프로젝트를 선택해야 한다. 그러기 위해서는 쉬운 프로젝트만 하려는 유혹을 물리쳐야 할 것이다. 여기에 오해하면 안 될 한 가지 사실. 도전적인 프로젝트가 잘 될 것 같은 프로젝트, 대외적으로 과시효과가 큰 프로젝트만 의미하는 것은 아니라는 것이다.

● 잘될 것 같은 프로젝트에는 눈독을 들이는 사람들이 많다. 더 눈에 띄고 싶다면 누구도 거들떠보지 않는 사업에서 탁월함을 보이는 것이다.

| TIP | **프로젝트에 들어가면 파악할 사항들**

- 프로젝트의 기대치와 최고의 성과 기준
- 프로젝트에 필요한 시간, 돈, 자료, 사람, 장비, 그리고 자원의 확보 여부
- 현재 진행중인 다른 프로젝트에 미칠 영향

고맥락화에 시간을 투자하라

문화인류학자 에드워드 홀은 커뮤니케이션에 있어서 맥락
(Context)의 역할에 주목했다. 그의 연구에 따르면 커뮤니케이
션 대상자 간에 공유하는 정보가 많으면 많을수록 맥락의 정도
는 높아진다. 또한 그는 신뢰 수준이 높고 친밀도가 높아질수
록 고맥락 상태가 된다고 주장하였다. 팀에서 맥락의 상태가
중요한 이유는 이것이 정보전달의 양에 영향을 미치기 때문이
다. 일정한 양의 의미를 전달하고자 할 때, 고맥락 상태에서는
실제 전달하는 정보의 양이 많지 않아도 되지만, 저맥락 상태
에서는 실제 전달하는 정보가 많아야 같은 수준의 의미를 전달
할 수 있다. 이것을 도식으로 나타내면 아래와 같다. 위 그림
은 맥락(저장된 정보)과 전달된 정보간 완전한 관계를 표현하고
있는데, 맥락(저장된 정보)을 잃어감에 따라 본래의 의미를 일정

하게 전달하기 위해 전달해야 하는 정보가 증가되어야 함을 보여주고 있다. 또한 정보와 맥락, 그 어느 쪽이라도 없으면 의미가 형성될 수 없음도 표현하고 있다. 업무상황에서도 마찬가지다. 서로 공유하고 있는 지식이 많고, 각자의 상황에 대한 이해가 높은 고맥락 상태에서는 어떤 의미를 전달하기 위해 구구절절한 설명이 필요치 않다. 따라서 고맥락화된 팀이 회의를 하면 짧은 시간 동안에도 엄청난 양의 정보소통이 일어난다. 팀이 고맥락 상태가 되려면 어떻게 해야 할까? 첫째, 고맥락 상태는 심리적인 영향이 중요하다. 즉, 서로 신뢰하는 분위기가 제일 먼저 구축되어야 한다. 상호 신뢰관계가 형성되면 정보를 서로 공유하는 데 주저하지 않게 되어 정보소통이 활발해진다. 공유하고 있는 지식이 많아질수록 자연스럽게 맥락도는 높아진다. 둘째, 팀원간 비공식적 소통을 제한하지 않아야 한다. 정말 중요한 아이디어는 사무실 밖에서 일어나는 경우가 많다. 일부 관리자들은 업무에 방해된다는 이유로 비공식적 의

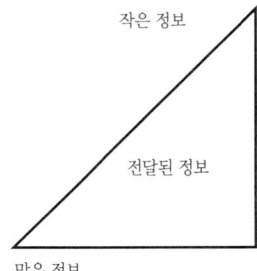

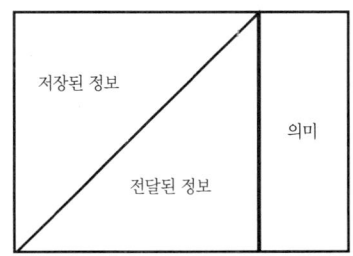

사소통을 아예 금하는 경우가 있는데, 이것은 정보소통을 차단하는 것과 마찬가지이다. 다른 직원의 피해를 주지 않고 업무 수행에 큰 지장을 가져오지 않는다면 비공식적 소통을 막지 않도록 한다. 셋째, 팀에서 사용하는 용어를 정확히 정의하는 것도 고맥락에 기여한다. 용어를 정확히 정의함으로써 얻게 되는 이득은 바로 의사소통시 메시지의 모호성을 상당히 낮추어준다는 것이다. 고맥락으로 일하는 팀에는 모호한 표현이나 일상 용어를 쓰는 대신 약속된 전문용어와 코드를 자주 사용한다.

넷째, 새로 들어온 팀원에 대해서는 업무 관련 지식을 배울 수 있는 기회를 제공한다. 고맥락의 상태가 된다는 것은 구성원 간 지식 수준을 비슷하게 맞추고 있음을 의미한다. 극히 세부적인 지식까지 같은 수준으로 가지고 있을 필요는 없지만, 업무 도메인에 대한 기본지식은 같은 수준으로 유지되어야 한다.

미하이 칙센트미하이 박사는 『몰입의 경영』에서 직원들이 잠재능력 발휘를 통해 행복을 느끼는 데는 2가지 과정이 작용한다고 주장한다. 첫 번째 과정은 '분화의 과정'으로, 사람들이 각자의 개성을 계발하고 행동을 통해 자신을 표현하는 일을 즐기는 과정이다. 두 번째 과정은 '융합의 과정'으로, 인간관계라는 네트워크 속에서 각자의 개성을 융합시키는 것이다. 미하이 칙센트미하이 박사는 직원들의 몰입을 이끌어내기 위해서는 경영자나 관리자가 이 두 과정을 잘 융합시켜야 한다고 했다. 융합의 과정은 고맥락을 이끌어내기 위한 필수적인 과정이다. 또한 이 과정을 통해 몰입을 유도할 수 있으니 고맥락 상태가 얼마나 팀의 성과를 올려놓을 수 있는지 많은 이야기를 하지 않아도 짐작할 수 있을 것이다.

● 고맥락의 팀이 되면 팀만의 고유한 문화가 생겨나는데, 비슷한 언어를 사용하게 되는 것은 물론 유머 감각까지도 비슷해진다.

병목을 찾아 해소하라

프로젝트를 진행하다 보면 뜻하지 않은 곳에 막혀 전체 진행이 늦어지는 경우가 있다. 병목이 생기는 원인은 첫째, 일의 규모와 난이도에 비해 처리능력이 떨어지기 때문이다. 처리능력이 떨어지는 이유는 인적자원을 적절히 할당하지 못하였거나, 세부작업의 규모나 난이도를 제대로 파악하지 못했기 때문이다. 둘째, 의사결정이 신속하지 못하기 때문이다. 의사결정 권한이 당신 한 사람에만 집중되어 있으면 제때 의사결정이 내려지지 않아 다음 단계의 작업 착수를 더디게 한다. 셋째, 잦은 작업 목표의 변경도 병목을 만드는 요인이다. 작업 목표가 자주 바뀌면 팀원들은 다시 바뀔 것을 우려하여 작업 진행을 늦추게 되고, 필연적으로 생산성도 떨어진다. 넷째, 팀 내 불만이 내재된 경우에도 병목이 생긴다. 불만은 작업을 진행하는 동기를 낮추어 생산성을 하락시킨다. 특정 단계의 작업을 수행하는 데 예상보다 시간이 더 걸리고 있다면 병목을 의심해볼 필요가 있다. 병목을 해소하기 위해서는 첫째, 팀원의 작업수행 능력을 빨리 파악하여 맡겨진 작업의 난이도와 규모가 적정한지 판단해야 한다. 적정하지 않으면 인력을 해당 작업에 더 배치를 하거나 빨리 수행할 수 있는 인력으로 전환하는 방안을 생각해보아야 한다. 둘째, 집중되어 있는 의사결정 권한의 일부를 팀원들에게 위임하도록 한다. 사소한 것들은 팀원들이 직접 판단하여 결정할 수 있도록 권한을 부여하는 것이 좋다. 셋째, 작업지시를 내릴 때는 정확한 작업 목표를 정해주어 팀원들이 혼란스럽지 않도록 해야 한다. 넷째, 작업 마감을 맞추지 못한 경우 결과만 두고 다그치지 말고 원인을 파악하라. 새로운 임무를 수행하다 보면 처음에 계획한 마감시간을 맞추지 못하는 경우가 종종 발생한다. 그 이유는 시작 초기에는 작업에 대한 지식이 충분하지 못해 그 속에 잠재된 문제나 장애까지 고려하지 못하기 때문이다. 이를 이해하지 못하고 결과만 두고 팀원을 다그치면 불만이 생기게 된다. 마감을 지키지 못한 원인을 파악하여 미처 파악하지 못한 사안이 있었는지 같이 살펴보아야 한다.

● 첫 프로젝트는 초기에 병목을 발견하기 어렵다. 병목인 것과 아닌 것을 구분할 기준조차 없기 때문이다.

프로젝트 기획능력에 따라
직원의 몰입 수준을 높일 수 있다

정말 뛰어난 프로젝트 매니저나 프로젝트 리더는 프로젝트 관리에도 기획능력을 발휘한다. 빈도가 잦지 않지만, 간혹 '팀장이 시키는 대로 공부하고 작은 과업들을 수행했는데 어느 덧 큰 프로젝트가 끝나 있더라' 라는 구전설화 같은 이야기를 듣곤 한다. 이 사람은 정말 뛰어난 프로젝트 매니저와 일을 해본 것이다. 어떻게 이런 일이 가능했을까?

그 비밀은 프로젝트 관리에 대한 그 팀장의 기획능력에 있다. 즉, 전체 프로젝트를 작은 단위의 프로젝트로 나누어 각 사람에게 부여한 후 각 세부 프로젝트의 수행단계에 따라 필요한 지식을 학습시키고, 중간결과물들을 만들도록 유도한 것이다. 이렇게 했을 때 왜 팀원들은 지루해하지 않는가? 첫 번째 이유는 종결감이다. 팀원들은 세부 프로젝트를 맡아 수행단계마다 중간결과물을 내놓게 되는데, 이때 종결감을 느끼게 된다. 일이 잘 끝났다는 종결감은 긴장을 풀 수 있게 하고, 성취감을 느끼게 하며, 자신감을 올려준다.

두 번째 이유는, 팀원들은 자신이 맡은 임무가 장기적으로 제대로 수행되어 가고 있는지 확인받고 싶기 때문이다. 자신이 일을 제대로 수행하고 있다는 것은 바로 그 임무의 성공에 가까워진다는 것을 의미한다. 따라서 자신의 임무 수행 방향이 맞는지 늘 확인하고 싶어한다. 세부 프로젝트별로 단계를 명시하고 최종목표를 인식시켜주면 팀원은 안심하고 현재 프로젝트에 몰입하게 된다.

당신에게 주어진 프로젝트를 다음과 같이 기획하보자.

먼저 큰 프로젝트를 세부 프로젝트로 나눈다. 이때 프로젝트를 세부 과업 덩어리로 모듈화하는 감각이 필요하다. 이런 감각이 뛰어난 부하직원이 있으면 그와 상의해서 진행하는 것도 좋다.

다음으로는 각 세부 프로젝트의 실행단계를 나누어라. 1~5단계까지 단계를 나누어두고, 각 단계에 필요한 지식과 기술을 정의한 후 담당 팀원을 학습시키고 훈련시킨다. 이 각각의 단계는 팀원들에게 성공의 경험을 반복시켜준다. 잦은 성공의 경험은 팀의 단결을 강화하고 팀의 자부심을 높이는 데 기여한다. 프로젝트를 나누어 배분했다고 해서 팀원간에 경쟁을 유발하거나 세부 프로젝트 진행을 비밀로 하라는 것은 좋지 않다. 반대로 각 프로젝트가 어떻게 진행되고 있는지 전체 회의를 통해 진행상황을 항상 공유해야 한다.

마지막으로 세부적인 프로젝트들을 통합할 때는 전체 그림을 그려두고 각 세부 프로젝트의 결과물이 어떻게 작용하는지를 전체 팀원들에게 인식시킨다. 그러면 자신이 완성한 결과가 다른 부분과 어떻게 통합될 수 있는지 아이디어를 쏟아낼 것이다. 여기서도 역시 중요한 것은 원활한 커뮤니케이션이다. 이것이 바탕이 되지 않으면 위와 같은 방법은 오히려 실패의 위험을 높일 수 있다.

● 이런 방법을 쓰려면 당신은 훨씬 더 많은 시간투자를 해야 한다. 하지만 투자된 시간이 많은 만큼 팀원들의 몰입은 더욱 높아진다.

능력 있는 직원에게는
보상과 칭찬을 잊지 마라

프로젝트 막바지에 들어섰다. C과장을 포함한 모든 팀원들의 긴장감은 높아 있다. 수행속도가 떨어지는 팀원 A씨는 아직 자신이 맡은 일을 끝내지 못하고 있다. 마감시간이 다가오자 C과장은 답답한 마음에 자신이 맡은 일을 끝내고 다른 업무를 보고 있는 B대리를 불러 A씨의 일을 도와줄 것을 명령한다. 명령을 받은 B대리의 얼굴에 잠시 싫은 기색이 비쳤지만, 프로젝트의 중요성을 알기 때문에 C과장의 지시를 따른다. B대리의 도움으로 마감시간을 넘기지 않고 무사히 프로젝트는 종료되었다. 곧바로 다른 프로젝트로 넘어갔는데, 어쩐 일인지 B대리의 실행력이 떨어지고 의욕도 없어 보인다. B대리에게 A씨를 도우라고 지시한 일 때문에 그런 것 같은데 시간 여유가 있는 팀원이 다른 임무에 투입될 수도 있는 일 아닌가. 그것을 두고 마음이

상해 속좁게 다음 과업에서 전력을 다하지 않다니 C과장은 이해가 가지 않았다. C과장은 무엇을 간과하였을까?

많은 관리자들이 인적자원의 활용과 배분을 물적자원과 같은 관점으로 보는 경향이 있다. 즉, 다른 곳에 쓰다가 남은 물적자원이 있다면 갑자기 필요가 생긴 곳에 투입하는 것처럼 인적자원도 쉽게 그렇게 할 수 있다고 생각한다. 하지만 인적자원과 물적자원은 다른 관점으로 봐야 한다. 위 사례를 놓고 설명하자면 B대리는 분명 자신의 임무를 모두 완료하였다. 그것도 빠른 시간에 말이다. 프로젝트에 차질이 없도록 자신의 임무를 완수한 것에 상을 받지 못할망정 다른 사람이 완수해야 할 임무까지 더 하게 함으로써 벌을 받은 꼴이 되었다. 과잉인력이 생겨서 필요하고 급한 곳에 투입해야 하는 상황은 언제나 생길 수 있다. 그리고 그런 상황을 팀원들이 이해하지 못하는 것은 아니다. 하지만 그에 대한 충분한 보상과 칭찬을 잊지 말아야 한다. 더 성과를 내고 일을 잘한다는 이유로 남의 일까지 떠안아야 하는 것은 누구라도 꺼린다.

● 다른 팀원의 높은 성과에 기대어 무임승차하려는 팀원도 신경 써야 한다.

팀의 업무 부하를 조절하는 것도
상사의 역할

시간관리를 못하는 사람들이 가진 공통적인 습관 중 하나는 자신의 능력을 넘어서는 활동계획을 세우는 것이다. 즉, 자신의 처리할 수 있는 능력과 주어진 시간을 제대로 파악하지 못하고 외부로부터 할 일을 무계획적으로 받아들이는 것이다.

왜 이런 일이 발생할까? 여기엔 2가지 이유가 있다. 첫 번째 이유는 활동계획이 모호한 경우다. 현재 진행되고 있는 일, 앞으로 해야 하는 일에 대한 계획이 불분명하여 더 일을 받아도 되는지 아닌지를 판단하지 못하는 것이다.

두 번째 이유는 그 일을 할 수 있는 능력만 생각하고, 소요되는 시간을 계산하지 못하는 것이다. 이런 판단 습관을 가진 사람들은 해낼 수 있는 능력만 믿고 일을 떠맡고 나서 수행할 시간을 만들지 못해 일을 완수하지 못하는 경우가 많다. 할 수 있는 능력이 있는 것과 할 시간이 있는 것은 다르다는 것을 명심하라.

팀 업무도 마찬가지이다. 팀에서 할 수 있는 일이라고 덥석 물어오지 않도록 한다. 간혹 팀과 자신의 능력을 과시하기 위해 팀의 상황을 고려하지 않고 중요하지도 않은 과업을 받는 경우가 있는데, 팀이 바쁘지 않다면 상관없지만 정신없이 바쁘게 움직이고 있는데 중요하지 않은 일이 자꾸 부가되면 어느 누구도 달가워하지 않는다. 과업을 가져올 때는 항상 미래가치를 생각하도록 한다. 미래가치에 대한 확신이 있어야 팀원들을 설득할 수 있고 동기부여할 수 있다.

팀 전체의 업무부하를 조절하는 것은 팀 사기와 에너지 관리를 위해서 반드시 필요하다. 과도한 업무수행이 오래 지속되면 팀은 피로해지고, 업무부하가 낮은 상황이 지속되면 나태해진다. 과업수주의 완급 조절은 팀의 생산성 관리의 필수요소다.

● 업무부하를 조절하되 방어적인 인상을 주는 것은 회사나 부하직원들에게 좋은 인식을 주지 못한다.

상사의 긍정적 태도가
팀의 성패를 좌우한다

상사는 어떤 상황에서도 긍정적인 태도를 가져야 한다. 회사는 상사를 통해 부하직원들을 바라보지만, 부하직원들도 당신을 통해 회사의 상태와 의지, 분위기를 감지한다. 만약 당신이 시종일관 부정적인 태도를 취하고 있으면 당신을 포함한 회사의 상위계층이 부정적이고 방어적인 태도를 가지고 있다고 생각한다. 당신이 부정적인 태도를 갖고 있으면 칭찬보다는 실수와 실패에 대한 지적을 많이 하게 되고, 결국 부하직원들까지 방어적인 태도를 갖게 만든다.

당신이 긍정적인 태도를 가져야 하는 근본적인 이유는 다음과 같다.

첫째, 팀 내 긍정적 에너지는 리더의 태도에서 시작되기 때문이다. 당신이 긍정적이어야 부하직원들이 불안해하지 않는다. 그래야 새로운 프로젝트를 도전으로 받아들이고 창의적으로 접근한다. 문제가 발생해도 덜 위협적으로 느끼고, 그 문제에 맞서려고 한다.

둘째, 긍정적인 태도가 팀의 승리감을 만든다. 사람들은 절대 성공할 수 없다고 믿는 상황에서는 효과적으로 일할 수 없다. 당신의 개인적인 노력과 계산으로는 절대 성공할 수 없다고 짐작되더라도 불가능으로 단정하지 말고 팀원들에게 표현하지 마라. 그 근거가 당신의 경험에서 온 것이라 할지라도 말이다. 당신의 성공 확신을 믿고 부하직원들은 프로젝트에 달려든다.

팀워크가 좋은 팀은 정말 말도 안 되는 능력을 발휘하기도 한다. 그 시작은 당신의 긍정적 태도와 행동, 말에서 시작된다는 것을 잊지 마라.

● 당신이 회사에 대한 정보를 부하직원과 최대한 공유하고 있다고 하더라도 간혹 팀 분위기에 영향을 주는 것이라면 회사에 대한 정보를 필터링할 필요도 있다.

지금까지의 지침이
비굴하게 느껴지는가?

　회사에 충성을 다하라고 강요하는 전체주의적 시각이 느껴져 속이 불편할지도 모르겠다. 마치 당신이 조직의 부품이 되라고 부추기는 듯한 인상을 받았을 수도 있다. 하지만 팀의 성과, 조직의 성과가 강조될수록 앞에서 이야기한 지침들이 더 강하게 요구될 것이다. 당신이 회사 내에서 승진과 포상, 인정이라는 성공을 거머쥐겠다는 목표가 있다면 이 책의 지침들이 반드시 필요할 것이다.

　팀제가 보편화되고 팀의 성과가 강조될수록 팀 리더십이 강조될 것이다. 팀 리더십의 이해도가 팀의 성과를 달리하기 때문이다. 그런데 팀 리더십을 아직도 팀장 리더십으로 이해하는 직장인들이 많다. 실제 팀 리더십은 크게 3가지로 구성되는데, 우선 팀장에서 팀원에게로 향하는 하향식 리더십, 팀원이 팀장에게로 향하는 상향식 리더십, 팀 전체의 공익을 우선하는 팀워크 사고가 바로 그것이다.

많은 사람들이 팀 리더십은 하향식 리더십만 떠올리지만, 상향식 리더십이 있어야 하향식 리더십이 힘을 얻는다. 즉, 팀원이 상사의 입장과 그 리더십을 이해하고 있어야 팀장이 내리는 일련의 조치와 의견에 동조하고 지지를 보낼 수 있다. 팀워크 사고는 바로 팀 전체의 이익을 위해 무엇을 우선할 것인가를 결정하는 가치체계를 만들어낸다.

이 3가지 요소 중 하나가 너무 두드러지거나 일방적이면 부작용을 낳는다. 하향식 리더십이 일방적이고 융통성이 없으면 팀원의 반발을 산다. 상향식 리더십이 너무 강해 팀장의 권위를 훼손하고 침해한다면 팀 내 의사결정에 일관성이 없어진다. 또한 팀워크 사고가 약하면 팀장과 팀원 양자 간 충돌이 발생했을 때 해결의 기준을 주지 못한다. 누구나 '이것이 팀 전체의 발전에 필요한 일인가?', '이런 결정이 팀 이익에 공헌하는가?', '이것이 팀의 문제를 해결하는가?'를 가치기준으로 삼고 의사결정을 한다면 팀워크는 강화되고 서로에 대한 이해가 싹튼다.

여기까지 참을성 있게 읽어준 당신을 위해 핵심열쇠를 하나 공개한다.

주위에 닮고 싶은 팀장이 있다면 그의 행동을 관찰하고 그와 이야기해보라. 그리고 이 책에서 제시한 것과 비교해보라. 별로 다르지 않을 것이다. 결국 기본은 같기 때문이다. 비즈니스 노하우라는 것은 결국 기본을 지키는 것이다. 회사에서 성공하는 열쇠는 누구나 이야기하는 기본에 있다.

　마지막으로, 회사가 역량을 가진 직원을 제대로 판별할 능력이 없다고 판단되면 이 책에 제시한 대로 하지 않아도 좋다.

기업은 왜 시간관리에 주목하는가?

　　지식경영 시대를 넘어 창조경영의 시대를 맞는 기업의 과제는 기업이 가지고 있는 지식정보와 구성원들이 가진 핵심역량들을 조직 차원에서 어떻게 효과적으로 융합하고 관리할 것인가에 초점을 맞추고 있다. 따라서 기업의 사업전략을 인적자본(human capital)을 통해 구체적으로 구현할 수 있는 체계를 만드는 데 많은 투자를 하고 있다. 현대의 인사전략의 초점도 바로 여기에 있다. 인적자본을 통해 사업전략을 구현할 수 있는 핵심적인 수단 즉, 구성원의 핵심역량(core competencies)을 관리하고 개발하여 조직의 사업역량(capabilities)으로 전환시키는 데 집중하고 있는 것이다. 이렇게 직무 핵심역량에 대한 체계 정리와 기준정립이 요구되는 상황에서 직무역량에 대한 표준화가 추진되었다. 이미 주요 선진국들은 교육훈련 및 자격제도의 출발점으로 국가 차원의 인적자원 개발을 통합적인 차원에서 체계화할 수 있는 국가 직업능력표준 체제를 운영하고 있다. 국가직업능력표준이란 한 근로자가 자신의 직업에서 직무를 성공적으로 수행하기 위해 요구되는 능력(지식, 기술, 태도)을 국가적으로 표준화한 것이다. 우리나라도 국가차원에서 인적자원의 체계를 세우고 직업능력표준을 도입할 필요성을 인식하여 노동부는 2002년 한국산업인력공단 중앙고용정보원에 국가직업능력표준기획단을 설치하여 국가직업능력표준(National Occupational Standard) 개발 사업을 추진하기에 이른다. 2003년도부터 2004년까지 산업체 근로자 대상의 기초직업능력 영역설정과 표준개발 연구를 수행하여, 그 결과로 의사소통능력, 수리능력, 자기계발능력, 대인관계능력, 기술능력, 조직이해능력의 6개 영역의 기초직업능력 표준을 개발하고, 문제해결능력, 자원관리능력, 정보능력, 직업윤리의 4개 영역의 기초직업능력 표준을 개발하였다. 10개의 기초직업능력 표준을 보면 '시간관리'가 중요한 직무기초능력으로 다루어지고 있음을 알 수 있다. 자기계발능력(하위능력 - 자기관리능력)과 자원관리능력(하위능력 - 시간관리능력)에 시간관리 능력이 포함되어 있다. 세부적인 내용들을 보면 왜 기업이 시간관리에 관심을 갖게 되는지 알게 되는 데 자기관리 능력과 시간관리 능력에서 제시된 핵심 기술(Skill)들을 보면 다음과 같다.

〈표〉 자기관리 핵심기술

시간관리 핵심 기술	자기관리 핵심 기술
- 제한된 시간 내에 주어진 과업을 수행 - 성과를 개선하기 위해서 효과적으로 시간을 할당 - 과업의 순서와 중요성을 결정하여 제시 - 시간자원 가운데 부족하거나 과잉되는 자원이 무엇인지를 목록화하여 제시 - 업무 수행을 위한 구체적인 스케줄을 작성 - 계획된 시간표에 준해서 효율적인 자원 동원 계획을 수립 - 업무 추진 단계별 예상 소요 시간을 할당 - 데드라인에 맞추는데 필요한 과업의 절차를 결정하고, 요구되는 결과물을 창출 - 조직의 효과성을 위해 작업 단위내의 과업 스케줄을 조정하고 데드라인을 설정 - 필요한 경우 스케줄을 조절하여 다시 스케줄을 작성 - 여러 업무를 진행 할 때 업무간의 활동 시간을 할당	- 자신의 과제의 목표 및 기한을 리스트하기 - 자신의 과제의 우선순위를 리스트하기 - 자신의 중장기 목표를 설정하는 기술 - 자신이 할 수 있는 목표를 세우는 기술 - 자신의 목표를 달성하기 위해 필요한 자원을 확인 - 자신의 목표달성에 방해가 되는 요소를 확인 - 자신을 통제하는 방법 적용 - 외부상황을 통제하는 방법 적용 - 계획을 주도적으로 실천할 수 있는 기술 - 목표달성의 측정기준을 설정하는 기술

위 도표를 보면 목표설정과 달성을 위해 전략을 세우고 실행하는 데 필요한 세부 기술들이 정의되어 있다. 성과의 목표를 정하고 그에 따른 전략을 세워 대응하는 일이 많은 기업에서 이들 능력은 주목할 수밖에 없다. 또한 마감기한을 가진 과업단위의 일이 많은 기업업무의 특성상 이를 잘 수행하는 것이 기업을 원활하게 돌아가게 하는 데 필수적이다. 직무기초능력으로 시간관리 능력을 꼽는 것은 비단 우리나라뿐이 아니다. 미국 노동성 산하의 고용훈련국(U.S. Department of Labor's Employment and Training Administration)은 1997년에 직업사전(DOT; Dictionary of Occupational Titles)을 대체하기 위해서 O*NET(Occupational Information Network)이라는 고용정보네트워크를 만들어 운영하고 있는데, 일의 특성

과 근로자의 속성에 대한 자료와 1,122개의 직업과 관련된 지식, 기술, 능력, 흥미, 준비요건, 내용, 임무에 관한 정보를 제공하고 있다. O*NET에서는 "근로자 요구사항"영역에서 근로자에게 요구되는 기초직업능력과 하위 능력을 2개 범주 7개 영역으로 제시하고 있다. (표 참조) 그 중 자원관리능력의 하위능력으로 시간관리능력을 포함하고 있다. 직무역량과 관련한 대표적인 책으로 알려진 'Competence at work' 는 McBer Competency Dictionary와 Job Competency Assessment(McClelland & McBer)의 20년간 데이터들을 바탕으로 연구한 결과들을 집대성하고 있다. 'Competence at work'에서는 직무기초역량과 관련하여 22개 세부 역량을 정의하고 있는데 그 중 '목표지향성(Achievement Orientation)', '분석적 사고능력(Analytical Thinking)' 역량이 시간관리와 관련이 있다. 'Competence at work'에서 목표지향성 항목은 '우수의 기준에 대해 경쟁하는 것이나 일을 더 잘하기 위한 것에 대한 관심'을 나타내는 것으로 이 역량이 강한 사람들은 결과와 효율을 지향하고 자원을 최적으로 사용하려는 태도를 보인다. 따라서 업무를 향상시키거나 새로운 것을 시도하거나 도전적인 목표를 이루기 위해 시간과 중요 자원을 배정하는 것에 능하다. 분석적 사고능력은 상황을 단계적으로 추적해 가거나 더 작은 부분으로 나누어 상황을 이해하는 능력으로 이 역량이 강한 사람들은 시스템적인 사고와 우선순위를 결정하는 데 뛰어나다. 또한 복잡한 문제를 분석하여 리스트를 만들고 합리적인 체계를 세워 계획을 세우는 데에도 능한 모습을 보인다. 이 두 역량이 나타내는 모습은 시간관리를 잘 하는 사람에게서 발견되는 특징들이다. 결국 우리나라는 물론 외국에서도 시간관리를 주요직무역량으로 삼고 있기 때문에 기업들이 이 역량에 주목하는 것이다. 또한 시간관리 역량은 Planning, 프로젝트 기획, 문제해결 능력에 직간접적인 영향을 미치고 있다는 점에서도 중요한 의미가 있다.

〈표〉 기초직업능력 영역과 하위능력

영역	하위능력		
의사소통능력	• 문서 이해능력 • 언어 구사력	• 문서 작성능력 • 기초 외국어 능력	• 경청 능력
수리능력	• 기초연산 능력 • 도표작성능력	• 기초통계능력	• 도표분석능력
문제해결능력	• 사고력	• 문제처리능력	
자기계발능력	• 자아인식능력	• 자기관리능력	• 경력개발능력
자원관리능력	• 시간자원 관리능력 • 인적자원 관리능력	• 예산 관리능력	• 물적자원 관리능력
대인관계능력	• 팀웍 능력 • 협상능력	• 리더십능력 • 고객서비스능력	• 갈등관리능력
정보능력	• 컴퓨터 활용능력	• 정보처리능력	
기술능력	• 기술이해능력 • 조직 체제이해능력 • 기술적용능력조직이해능력	• 기술선택능력 • 경영이해능력	• 국제감각 • 업무이해능력
직업윤리	• 근로윤리	• 공동체윤리	

(출처 : 기초직업능력표준 연구보고서 (2004 - 한국산업인력공단))

〈표〉 자원관리능력의 하위 영역인 시간관리능력

구분		내용
정의		자원관리능력의 한 하위능력으로서 시간관리능력은 직장생활에서 시간자원이 얼마나 필요한지를 확인하고, 이용 가능한 시간자원을 최대한 수집하여 실제 업무에 어떻게 활용할 것인지를 계획하고, 할당하는 능력이다. 시간관리능력의 수행기준은 필요한 시간자원 이해, 시간자원 확보 방법, 계획 수립 방법, 시간할당 방법 등에 따라 상, 중, 하로 구분된다.
수행 기준	상	주어진 업무를 수행하는데 필요한 시간자원을 분석하고, 시간자원을 확보하는 방법을 도출하며, 계획을 분석·평가하고, 시간자원 계획을 조정한다.
	중	주어진 업무를 수행하는 데 필요한 시간자원의 양과 시기를 검토하고, 시간자원을 확보하는 방법을 분석하며, 구체적인 계획을 수립하고, 효율적인 시간 할당이 되었는지 파악한다.
	하	주어진 업무를 수행하는 데 필요한 시간자원을 파악하고, 시간자원을 확보하는 방법을 이해하며, 계획을 수립하기 위한 정보를 수집하고, 계획에 따라 시간자원을 할당한다.
K·S·C	지식 (Knowle dge)	– 시간자원의 의미 – 시간자원의 중요성 – 시간관리의 의미 – 시간관리의 중요성 – 시간낭비 요인 – 시간관리 기법 : 목표달성, 계획, 조직화 – 시간관리 개선 아이디어 기법 이론 – 시간관리 실천 계획
	기술 (Skills)	– 제한된 시간 내에 주어진 과업을 수행 – 성과를 개선하기 위해서 효과적으로 시간을 할당 – 과업의 순서와 중요성을 결정하여 제시 – 시간자원 가운데 부족하거나 과잉되는 자원이 무엇인지를 목록화하여 제시 – 업무 수행을 위한 구체적인 스케줄을 작성 – 계획된 시간표에 준해서 효율적인 자원 동원 계획을 수립 – 업무 추진 단계별 예상 소요 시간을 할당 – 데드라인에 맞추는데 필요한 과업의 절차를 결정하고, 요구되는 결과물을 창출 – 조직의 효과성을 위해 작업 단위내의 과업 스케줄을 조정하고 데드라인을 설정 – 필요한 경우 스케줄을 조절하여 다시 스케줄을 작성 – 여러 업무를 진행 할 때 업무간의 활동 시간을 할당
	상황 (Conditio ns)	– 업무 수행에 필요한 시간자원을 효율적으로 활용, 관리해야 하는 경우 – 업무 수행에 있어서 거래처를 관리해야 하는 경우 – 공정 진행상의 생산성 향상을 위해 제품 생산 시간을 조정해야 하는 경우 – 업무 수행에 있어서 진행 과정의 타임 테이블을 작성해야 하는 경우 – 업무 추진 단계별 예상 소요 시간 목록을 작성해야 하는 경우

〈표〉 자기계발 능력의 하위 영역인 자기관리 능력

구분		내용
정의		자기계발능력의 한 하위능력으로서 자기관리능력은 자신의 행동 및 업무 수행을 통제하고 관리하며, 합리적이고 균형적으로 조정하는 능력이다. 기준자기관리능력의 수행기준은 직업인으로서 자신의 역할 및 목표 정립 정도, 목표에 맞는 실천 정도, 자신의 통제 정도 등에 따라 상, 중, 하로 구분된다.
수행 기준	상	직업인으로서 스스로 자신의 역할과 목표를 정립하고, 자신의 목표성취를 위해 자신과 외부상황을 관리하고 통제한다.
	중	직업인으로서 스스로 자신의 역할과 목표를 확인하고, 역할과 목표에 따라 실천한다.
	하	직업인으로서 자신에게 지시된 역할과 목표를 확인하고, 상사나 동료의 도움을 받아 실천한다.
K·S·C	지식 (Knowle dge)	– 자기관리 계획수립 방법에 대한 지식 – 자기관리의 개념 – 자기관리의 중요성 이해 – 자기관리의 원리와 절차 – 자신을 관리하는 방법의 종류
	기술 (Skills)	– 자신의 과제의 목표 및 기한을 리스트하기 – 자신의 과제의 우선순위를 리스트하기 – 자신의 중장기 목표를 설정하는 기술 – 자신이 할 수 있는 목표를 세우는 기술 – 자신의 목표를 달성하기 위해 필요한 자원을 확인 – 자신의 목표달성에 방해가 되는 요소를 확인 – 자신을 통제하는 방법 적용 – 외부상황을 통제하는 방법 적용 – 계획을 주도적으로 실천할 수 있는 기술 – 목표달성의 측정기준을 설정하는 기술
	상황 (Conditio ns)	– 업무를 주어진 시간까지 완수해야 하는 경우 – 여러 가지 업무를 동시에 수행해야 하는 경우 – 업무에 새로운 책임이 부여되었을 경우 – 조직에서 맡은 역할을 완수하여야 하는 경우 – 조직에서 역할을 수행하기 위해 목표를 세워야 하는 경우

(출처 : 기초직업능력표준 연구보고서 (2004 - 한국산업인력공단))

〈표〉 O*NET이 제시한 기초직업능력 영역과 하위능력

구분	기초직업능력 영역	하위능력	
기초 능력 (Basic Skills)	내용적 능력 (Content)	읽고 이해하기(Reading Comprehension) 쓰기(Writing) 수학(Mathematics)	적극적 듣기(Active Listening) 말하기(Speaking) 과학(Science)
	과정 능력 (Process)	비판적 사고(Critical Thinking) 학습 전략(Learning Strategies)	능동적 학습(Active Learning) 모니터링(Monitoring)
이전 가능한 능력 (CrossFunc-tional Skills)	사회적 능력 (Social Skills)	지각력(Social Perceptiveness) 설득력(Persuasion) 서비스 지향성(Service Orientation)	협조(Coordination) 협상력(Negotiation) 교수(Instructing)
	문제해결 능력 (Complex Problem Solving Skills)	문제 확인(Problem Identification) 정보조직(Information Organization) 실행계획(Implementation Planning) 종합/재구성(Synthesis/Reorganization)	정보수집(Information Gathering) 아이디어 산출(Idea Generation) 아이디어 평가(Idea Evaluation) 해결책 평가(Solution Appraisal)
	기술적 능력 (Technical Skills)	작동분석(Operations Analysis) 장비선택(Equipment Selection) 작동 모니터링(Operation Monitoring) 작동과 조정(Operation and Control) 생산품 조사(Product Inspection) 장비유지(Equipment Maintenance)	기술 설계(Technology Design) 프로그래밍(Programming) 설치(Installation) 테스트(Testing) 문제해결(Troubleshooting) 수리(Repairing)
	시스템 능력 (Systems Skills)	시스템 인지(Systems Perception) 주요원인판단(Identification of Key Causes) 결과 인식(Identification of Downstream Consequences) 판단과 의사결정(Judgment and Decision Making)	시스템 평가(Systems Evaluation) 비전(Visioning)
	자원관리 능력 (Resource Management Skills)	시간관리(Time Management) 재정자원관리(Management of Financial Resources) 물적자원관리(Management of Material Resources) 인적자원관리(Management of Personnel Resources)	

(출처 : 기초직업능력표준 연구보고서 (2003 - 한국산업인력공단))

시간관리 인식조사

　　본서의 집필을 시작하면서 회사 입장에서 본 시간관리와 개인입장에서 본 시간관리의 차이를 밝히기 위해 대학생과 직장인 250명을 대상으로 설문조사를 실시하였다. 설문은 2008년 3월부터 6월까지 3개월간 실시하였고, 실시 대상은 자기계발 및 시간관리 세미나 참석자들이었다. 비록 표본은 250명이었으나 대학생과 직장인의 인원비율, 직장경력에 따른 인원비율이 고르게 구성되어 시간관리에 대한 인식을 파악하는 데 큰 어려움은 없었다. 시간관리에서 자주 제시되는 20개의 항목을 뽑아 이것이 회사와 조직 입장에서 어떻게 인식할지 묻는 질문을 제시하였다. 설문 실시 전에 개인입장이 아닌 회사의 입장에서 판단할 것을 강조하였다.

나이 : 20대(   ), 30대(   ), 40대(   ), 50대(   ), 60대 이상(   )

성별 : 여성(   ), 남성(   )

직업 : 대학생(   ), 취업준비(   ), 주부(   ), 회사원(   )

　　　기업 인사.교육 담당자(   ), 공무원(   ), 자영업(   ), 전문직(   )

직위 : 사원(3년이하 경력)(   ), 경력사원(4년이상 경력)(   )

　　　관리자(   ), 임원 및 대표(   ),

아래 시간관리 문항을 보고 개인이 아닌 회사, 조직의 시각에서 판단해 보십시오.

설문결과의 분류를 위해 나이, 성별, 직업, 직위를 기입하게 하였고 결과의 분류는 직위를 중심으로 하였다. 설문은 아래 예처럼 시간관리 항목을 제시하고 그것이 회사입장에서 어떻게 판단할지 생각하여 '필수적이다', '하면 좋지만 필수적이지는 않다', '필요하지 않다' 3가지 답 중 하나를 선택하도록 하였다.

[설문 예]

1. 출근시간 엄수

필수적이다.	하면 좋지만 필수적이지는 않다.	필요하지 않다.

각 항목의 설문결과는 다음과 같다.

1) 출근시간 엄수

출근시간은 회사가 조직원들에게 요구하는 대표적인 시간체계이자 규칙으로 응답자들의 그에 대한 인식정도가 어느 정도인지 알아보기 위한 것이었다. 이에 대한 응답 결과를 직위별로 구분한 결과는 아래와 같다. 대학생과 직장인 공히 필수적이라고 생각하였으나 느끼는 강도에는 차이가 있었다.

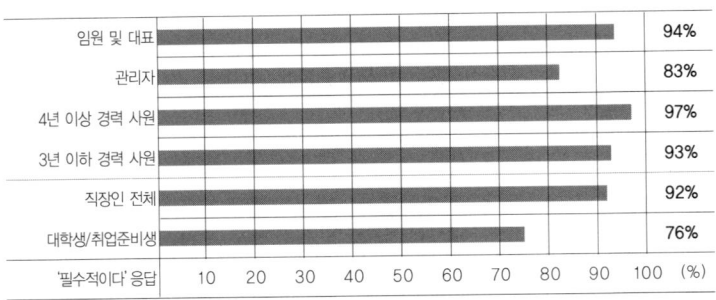

2) 마감시간 지키기

마감시간에 대한 감각은 주어진 일에 대한 책임감과 연관이 되어있다. 마감시간에 대한 인식을 직위별로 구분한 결과는 아래와 같다. 대학생과 직장인 간의 인식차가 비교적 큰 편이다.

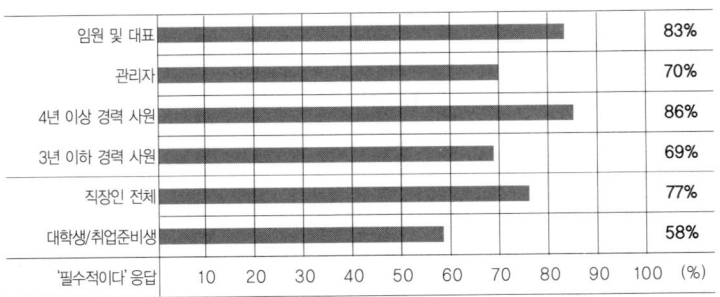

3) 정기적 보고

경력이 많고 직급이 높아질수록 중요하게 여기는 정도가 높음을 알 수 있다.

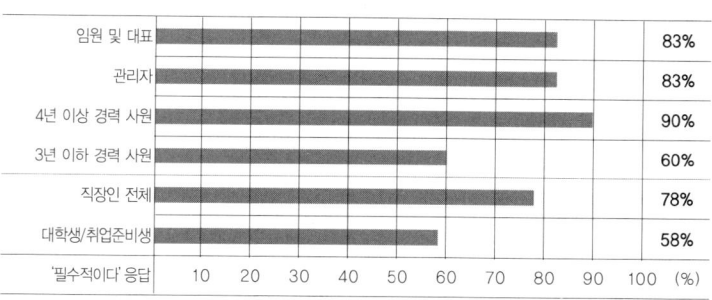

	%
임원 및 대표	83%
관리자	83%
4년 이상 경력 사원	90%
3년 이하 경력 사원	60%
직장인 전체	78%
대학생/취업준비생	58%

4) 위임하기

이번 설문에서 의외라고 생각했던 항목이다. 대학생과 직장인 모두 필수적이라고 생각한 비율이 높지 않았다.

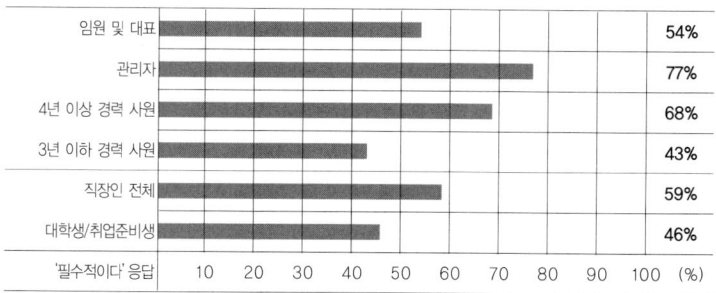

	%
임원 및 대표	54%
관리자	77%
4년 이상 경력 사원	68%
3년 이하 경력 사원	43%
직장인 전체	59%
대학생/취업준비생	46%

5) 지시사항에 대한 기록

대학생과 직장인의 인식차가 가장 컸고 경력에 따른 인식차이도 컸던 항목이었다. 지시를 받는 계층보다 지시를 내리는 계층에서 중요성을 더 강하게 인식하고 있는 것으로 보인다.

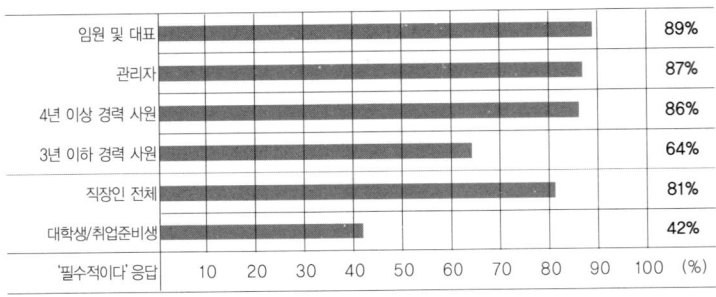

	'필수적이다' 응답
임원 및 대표	89%
관리자	87%
4년 이상 경력 사원	86%
3년 이하 경력 사원	64%
직장인 전체	81%
대학생/취업준비생	42%

6) 개인의 니즈를 고려한 휴가계획

자신의 상황과 필요에 따라 휴가계획을 세우는 것을 의미하는 것으로 조직보다 개인의 필요에 의해 휴가계획을 세우는 것을 회사가 어떻게 생각할 것인가를 묻는 것이었다. 이에 대한 대학생과 직장인의 인식은 비슷하였다. 유독 3년 이하 경력의 사원의 비율이 높은 것이 눈에 띄는데 회사입장에서의 판단보다는 개인적 바람을 응답에 반영한 것이 아닌가 추측된다.

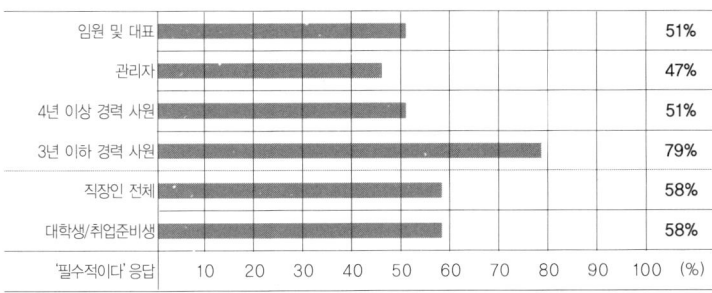

'필수적이다' 응답		10	20	30	40	50	60	70	80	90	100	(%)	
임원 및 대표													51%
관리자													47%
4년 이상 경력 사원													51%
3년 이하 경력 사원													79%
직장인 전체													58%
대학생/취업준비생													58%

7) 책상정리

책상정리는 얼핏 생각해 보면 시간관리와 어떤 연관이 있을까 의문이 생기는 항목이다. 하지만 책상정리의 습관은 업무 몰입과 관련이 있다. 대학생과 직장인들 모두 책상정리에 대해서는 중요성을 인식하지 못하는 모습이었다. 주목할 만한 것은 임원과 대표들은 필수적이라고 응답한 사람들이 더 많았다는 점이다. 임원과 대표들은 직원들의 책상정리 상태를 눈여겨본다는 사실을 알 수 있는 대목이다.

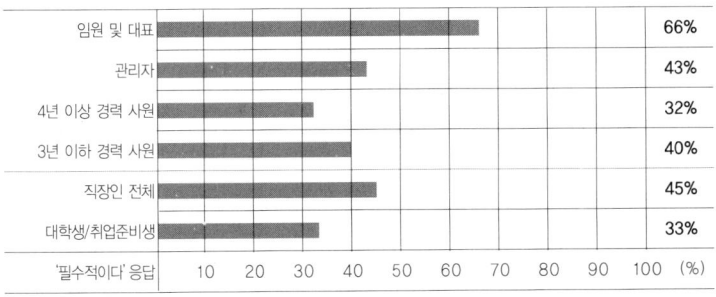

'필수적이다' 응답		10	20	30	40	50	60	70	80	90	100	(%)	
임원 및 대표													66%
관리자													43%
4년 이상 경력 사원													32%
3년 이하 경력 사원													40%
직장인 전체													45%
대학생/취업준비생													33%

8) 플래너 쓰기

플래너를 쓴다는 것은 업무를 전략적으로 계획하는 습관이 있음을 의미한다. 대학생과 사원급 직장인들에게는 하면 좋은 습관정도로 여긴 반면 관리자급 이상은 '필수적'이라고 느끼고 있었다.

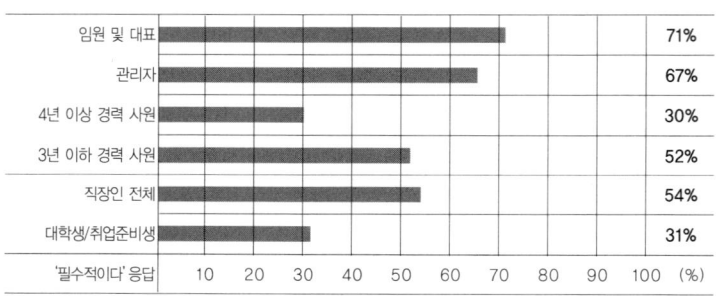

9) 자신을 통제하는 습관

자신의 습관을 관리하고 자신의 감정을 통제할 수 있는지 여부를 묻는 것이었다. 자신의 감정과 행동을 통제하는 것은 집중력을 발휘하는 데 매우 중요한 요소이다. 이것에 대해 대학생과 직장인 모두 '필수적' 쪽에 많은 손을 들었다. 유독 관리자층에서 응답비율이 높았는데 경영진과 부하직원들 사이에서 부침이 많은 계층이어서 이런 결과가 나오지 않았나 추측해 보았다.

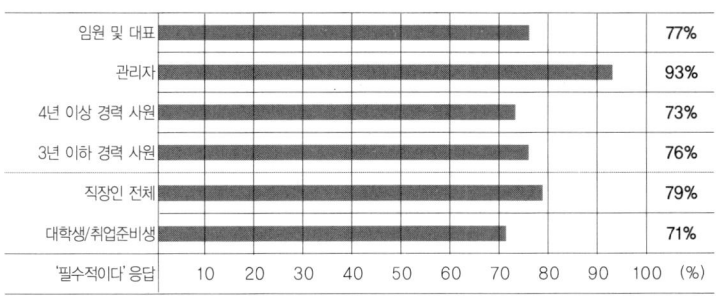

10) 15분이나 30분 단위의 시간계획

반대의 결과를 예상하고 만든 문항이다. 몇 분 단위로 일정 계획을 세우는가가 회사생활에 큰 영향을 미칠 것이라고 생각하지 않았기 때문이다. 예상대로 '필수적'이라고 응답한 사람들이 적었다.

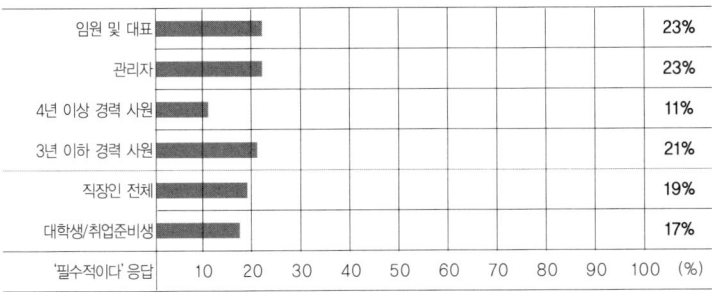

11) 자투리 시간의 활용

자투리 시간의 활용은 대학생과 직장인들 모두 회사입장에서
필수적이지 않다고 생각하고 있었다. 그런데 특이한 것은 임원
과 대표 계층에서는 절반이상이 '필수적'이라고 응답했다는 사
실이다. 아무래도 시간을 돈으로 환산하는 감각이 뛰어난 경영
층 입장에서는 자투리 시간도 중요할 수밖에 없는 것 같다.

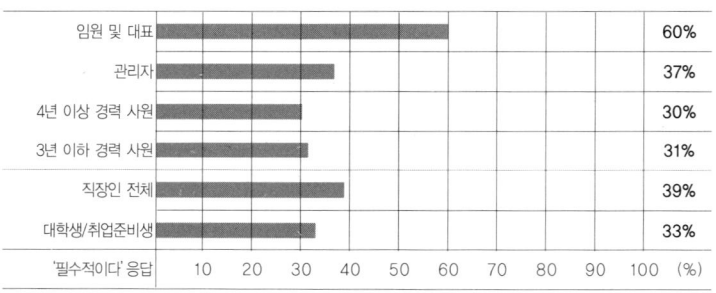

12) 인생의 큰 그림 정하기 (비전, 사명, 가치관)

인생의 큰 그림을 정하는 것은 개인적인 차원의 일이므로 회
사와는 연관이 없는 것처럼 보인다. 하지만 요즘 기업들은 직
원 개개인이 셀프리더십을 발휘하여 인생을 설계하고 삶을 적
극적으로 꾸려가는 것이 생산성 향상이 도움이 된다고 인식하
고 있다. 그래서 기업이 먼저 동기부여, 리더십 프로그램을 도
입하여 직원들을 계발하고 있다. 이번 설문에서도 그런 인식이
나타났다.

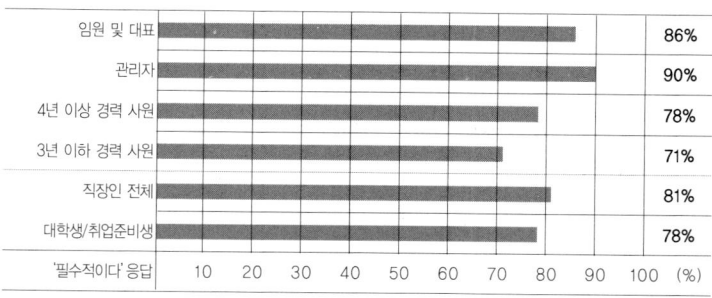

임원 및 대표										86%
관리자										90%
4년 이상 경력 사원										78%
3년 이하 경력 사원										71%
직장인 전체										81%
대학생/취업준비생										78%
'필수적이다' 응답	10	20	30	40	50	60	70	80	90	100 (%)

13) 일과 생활의 균형

대학생과 직장인 모두 이 항목에 대해 '필수적'이라는 입장
이 강했다. 반면 임원 및 대표들은 다른 계층에 비해 '필수적'
이란 의견에 동의하는 사람이 적었다. 기업을 경영하고 대표하
는 경영진의 입장을 단적으로 보여주는 결과였다.

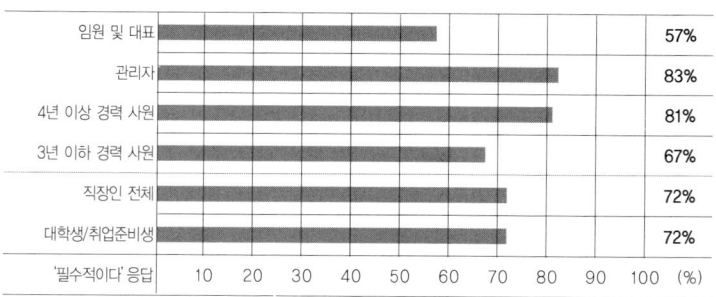

임원 및 대표										57%
관리자										83%
4년 이상 경력 사원										81%
3년 이하 경력 사원										67%
직장인 전체										72%
대학생/취업준비생										72%
'필수적이다' 응답	10	20	30	40	50	60	70	80	90	100 (%)

14) 계획한 활동을 재조정하는 능력

직급이 높아지면 맡는 역할이 많아지고 맡겨지는 업무도 덩치가 커진다. 또한 사회적 활동범위가 넓어져 가용한 시간내에 주어지는 활동을 모두 해내기 어려운 상황이 된다. 이에 따라 우선순위를 정해 계획을 세워 활동을 해야 하고 우선순위가 낮은 일은 재조정을 통해 처리해야 한다. 이런 상황을 반영하듯 경력이 낮거나 아직 취업을 하지 않은 사람들은 이 항목에 대해 '필수적'이라 생각하는 비율이 낮았다.

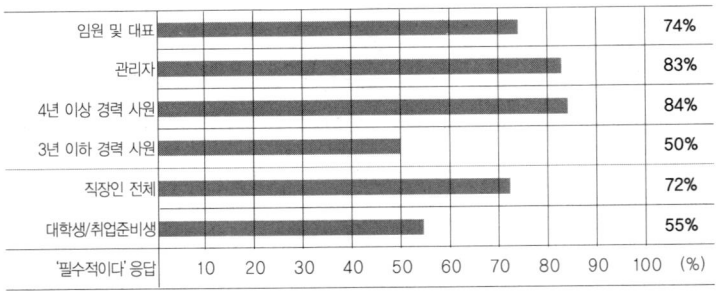

15) 할 일 목록(To do list)의 작성

대학생과 직장인간 시각차이가 컸던 항목 중 하나였다. 그리고 경력이 많아지고 직급이 높아질수록 필수적이라고 답하는 빈도가 높았다.

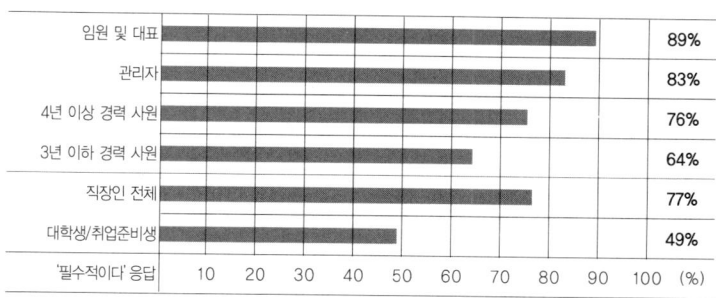

16) 80:20 법칙 적용

필자의 예상을 벗어났던 것 중 하나가 바로 이 항목에 대한 결과였다. 중요성에 근거하여 우선순위를 정하고 활동하는 것을 질문했던 것이었는데 전반적으로 '필수적'으로 응답한 비율이 높지 않았다. 예상을 벗어난 이유를 나중에 알게 되었는데 '80:20법칙'이 무엇인지도 모르고 응답한 사람들이 많았다고 한다. 설문에 간단한 해설을 넣었더라면 더 정확한 결과를 얻었을 것이라고 생각한다.

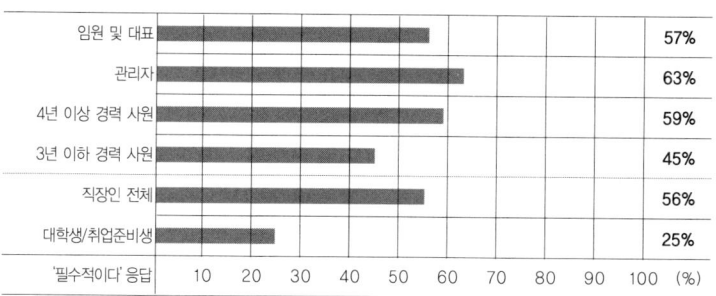

17) 아침에 일찍 일어나기

새 정부 들어 얼리버드 증후군이 많은 직장인들의 화두가 되었다. 일찍 일어나는 것에 대해 대학생들과 직장인들은 어떻게 인식하고 있을 까? '필수적이다' 라고 응답한 비율이 낮은 편이었다. 조기기상에 대한 거부감이 반영된 것인지는 알 수 없지만 대체적으로 회사가 기대하는 시간인식에는 부합하지 않는다고 응답하였다. 그런데 관리자 이상급에서는 '필수적' 이라고 응답한 비율이 높았음에 주목할 필요는 있다.

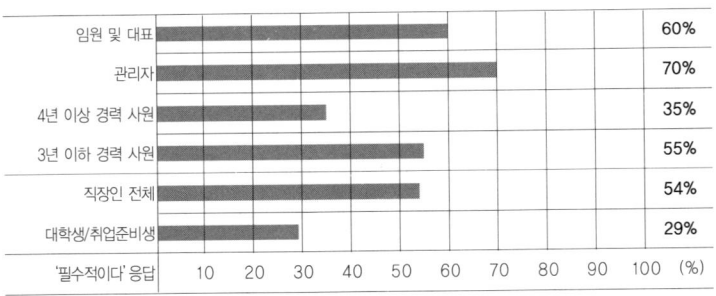

18) 집중할 수 있는 시간대와 장소 파악하기

집중력을 극대화할 수 있는 환경을 아는 것이 생산성에 영향을 미친다는 인식을 알아보기 위한 항목이었다. 대학생들보다는 직장인들이 그 중요성을 더 강하게 인식하고 있었다.

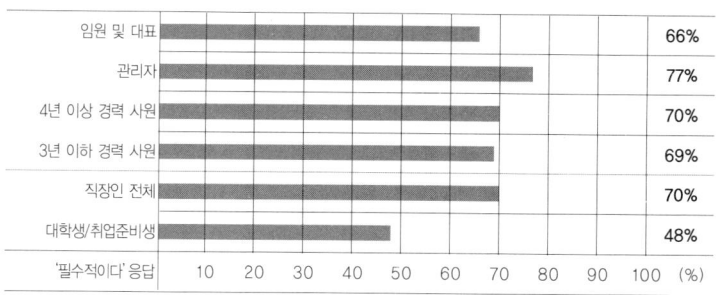

임원 및 대표											66%
관리자											77%
4년 이상 경력 사원											70%
3년 이하 경력 사원											69%
직장인 전체											70%
대학생/취업준비생											48%
'필수적이다' 응답	10	20	30	40	50	60	70	80	90	100 (%)	

19) 항상 일을 빨리 할 수 있는 방법 찾기

늘 효율적으로 일하는 방법을 찾는 사람이 노하우를 많이 가지고 있다. 단순 반복되는 일이 잦은 직무을 가지고 있다면 이런 사고의 습관을 가진 사람이 생산성이 높을 수밖에 없다. 대학생들에 비해 직장인들이 이에 대한 필요성을 더 인식하고 있었다.

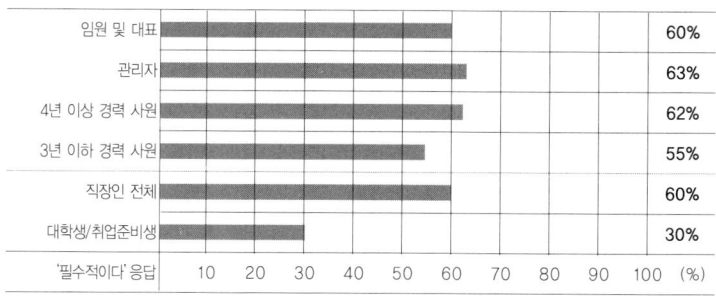

임원 및 대표											60%
관리자											63%
4년 이상 경력 사원											62%
3년 이하 경력 사원											55%
직장인 전체											60%
대학생/취업준비생											30%
'필수적이다' 응답	10	20	30	40	50	60	70	80	90	100 (%)	

20) 동시에 처리하기 (멀티태스킹)

동시에 일을 처리하는 것에 대해서는 대부분 필수적이지 않다고 응답하였다. 특이한 것은 4년 이상의 경력 사원들은 '필수적'이라고 응답한 사람들이 더 많았다는 점이다.

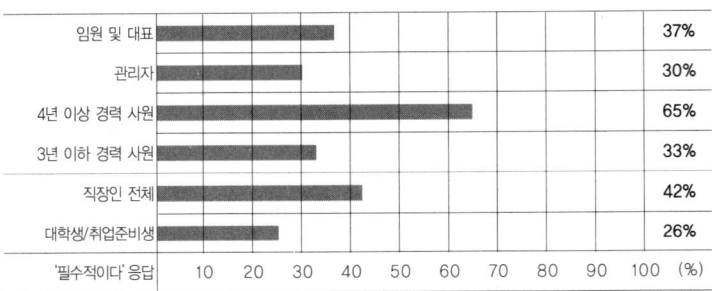

	'필수적이다' 응답	%
임원 및 대표		37%
관리자		30%
4년 이상 경력 사원		65%
3년 이하 경력 사원		33%
직장인 전체		42%
대학생/취업준비생		26%

앞으로도 본 설문을 계속 진행할 예정이고 누적 집계한 결과를 온라인(www.timepower.org)을 통해 공개할 예정이다.

KI신서 1476

회사생활 10년을 좌우하는 3% 습관

1판 1쇄 발행 2008년 9월 18일
1판 3쇄 발행 2010년 3월 26일

지은이 김성용 허재근 **펴낸이** 김영곤 **펴낸곳** (주)북이십일 21세기북스
기획 윤영림 **편집** 홍우진 **마케팅·영업** 최창규 김보미
출판등록 2000년 5월 6일 제10-1965호
주소 (우413-756) 경기도 파주시 교하읍 문발리 파주출판단지 518-3
대표전화 031-955-2100 **팩스** 031-955-2151 **이메일** book21@book21.co.kr
홈페이지 www.book21.co.kr

값 12,000원
ISBN 978-89-509-1535-3 03320